매튜 헨리의 온종일 기도

DIRECTIONS FOR DAILY COMMUNION WITH GOD
by Matthew Henry

This Korean Edition ⓒ 1983, 2004, 2023 by Word of Life Press, Seoul, Korea.
All rights reserved.
Printed in Korea.

매튜 헨리의 온종일 기도

ⓒ 생명의말씀사 1983, 2004, 2023

1983년 1월 25일 1판 1쇄 발행
1996년 7월 30일   9쇄 발행
2004년 7월 25일 2판 1쇄 발행
2018년 6월 29일   4쇄 발행
2023년 2월 21일 3판 1쇄 발행

펴낸이 | 김창영
펴낸곳 | 생명의말씀사

등록 | 1962. 1. 10. No.300-1962-1
주소 | 서울시 종로구 경희궁1길 6 (03176)
전화 | 02)738-6555(본사) · 02)3159-7979(영업)
팩스 | 02)739-3824(본사) · 080-022-8585(영업)

기획편집 | 김유미
디자인 | 조현진
인쇄 | 영진문원
제본 | 보경문화사

ISBN 978-89-04-16822-4 (03230)

저작권자의 허락 없이 이 책의 일부 또는 전체를
무단 복제, 전재, 발췌하면 저작권법에 의해 처벌을 받습니다.

매튜 헨리의 온종일 기도

하나님과 함께 하루를 시작하고
하나님과 함께 하루를 지내고
하나님과 함께 하루를 마친다

매튜 헨리 지음 김순희 옮김

생명의말씀사

서문_ 복음의 신앙을 위해 함께 힘쓰는 자들이 되기를

 이 책의 1장과 2장은 내가 베드날 그린(Bednal Green)에서 아침 예배 때 설교했던 내용이다. 3장은 이 두 설교를 들은 사람들이 그 내용을 책으로 출판해 주길 원해서 추가로 쓰게 된 것이다. 사실 나는 그때까지 설교 내용을 책으로 출판할 생각이 전혀 없었다. 이미 비슷한 성격과 경향을 띤 여러 논문이 내가 쓴 것보다 훨씬 더 훌륭한 지침들을 담고 있었기 때문이다. 그런데 다시 생각해 보니 그런 훌륭한 논문들을 보지 못하는 사람들에게는 이 설교문이 더 유익할 것 같았다. 하나님과 더불어 하루를 시작하고 함께 하루를 보내는 것에 관한 설교 말이다.
 사실 이 주제는 보편적이고 지속적인, 유용한 내용이기 때문에 나는 만약 하나님이 출판을 가능하게 하신다면 전반적으로 내용을 추가해서 책으로 펴내야겠다고 생각했다. 이러한 생각을 몇몇 친구들과 나누었을 때, 그들은 아낌없이 격려해 주며 '하루를 기도로 마치는 것'에 관한 내용을 첨부하라고 조언해 주었다. 그래서 나는 저녁 예배 때 그 내용을 주제로 삼아 설교했고, 책에 추가했다. 이렇게 해서 이 책을 엮게 되었다.

하나님이 이 책에 복을 주셔서, 그 은혜의 역사로 말미암아 평범한 사람들이 진정한 경건함을 도모하는 데 이 책이 도움이 되기를 간절히 바란다. 그것이 나의 목표다.

사실 나는 이 책을 출판하기보다는 최근 나에게 거처를 빌려주었던 사랑하는 시골 친구들에게 선물하려고 했었다. 그러므로 이 책은 그들의 영혼이 잘되기를 바라는 나의 지속적인 관심에 대한 간증이다. 나의 진정한 사랑과 신실한 존경심을 한데 묶어 그들에게 이 책을 바친다. 그들의 교제가 언제나 그리스도의 복음에 합당하길 바라며, 내가 가서 그들을 만나게 되든지 혹 그렇지 못하든지 그들의 행사가 항상 형통하며, 하나의 영 안에서 한마음으로 굳게 서서 복음의 신앙을 위해 함께 힘쓰는 자들이 되기를 기도한다.

매튜 헨리(Matthew Henry)

목차

서문_ 복음의 신앙을 위해 함께 힘쓰는 자들이 되기를   4

Part 1. 아침을 기도로 시작하라

01 우리가 해야 하는 선한 일, 기도   15
02 정해 놓고 지켜야 할 특별한 시간, 아침   49
적용 아침에 기도를 빠뜨리지 않는 방법   67

Part 2. 온종일 기도하며 하나님을 기다리라

01 하나님을 기다린다는 것의 의미　87
02 우리가 온종일 하나님을 기다려야 하는 이유　103
적용 하나님을 기다리는 상황별 방법　123

Part 3. 하루를 기도로 마치라

01 쉬어야 하는 시간, 저녁　165
02 화평을 누리며 눕는 자리　189
03 자는 중에도 누리는 안식　201
04 하나님의 섭리와 은혜 안에서 행해지는 모든 것　213
적용 매일 밤 영적 안식을 누리는 방법　221

Part 1.
아침을 기도로 시작하라

"여호와여 아침에 주께서 나의 소리를 들으시리니
아침에 내가 주께 기도하고 바라리이다"(시 5:3).

당신은 무엇 때문에 이른 아침에 이곳에 왔는가? 이곳에 와서 무엇을 하는가? 거룩한 예배를 통해 하나님 앞에 나올 때마다(아니, 어디에 있든지), 우리는 하나님이 엘리야 선지자에게 하셨던 질문, 즉 "네가 어찌하여 여기 있느냐"(왕상 19:9)라는 물음에 분명하게 대답할 수 있어야 한다.

예배를 마치고 돌아갈 때 그리스도께서 세례 요한의 사역에 참석했던 사람들에게 물으셨던 것처럼 "너희가 무엇을 보려고 광야에 나갔더냐"(마 11:7)라는 질문에 적절한 대답을 할 수 있어야 한다.

참으로 밭은 희어져 추수하게 되었다. 당신이 여기까지 나온 이유가 단지 상쾌한 아침 산책을 위한 것이거나, 전에는 이러한 아침 설교가 없었으니 한번 가 볼까 하는 호기심 때문이 아니기를 바란다. 또한 친구들을 만나기 위해 이곳에 온 것이 아니기를 바란다. 오직 하나님께 영광을 돌리고, 하나님이 주시는 은혜를 받으며 하나님과 영적인 교제를 누리기 위한 경건한 목적으로 이곳에 왔기를 바란다.

"그러면 목사의 직무가 무엇이냐?"라고 묻는다면, 나는 하나님이 가능하게 하심으로 당신을 이곳까지 오도록 도와주고 밀어주는 역할이라고 정직하게 말할 것이다. 베들레헴의 장로들이 사무엘에게 "평강을 위하여 오시나이까"(삼상 16:4)라고 물었듯이, 아마 당신도 나에게 그렇게 물어볼지 모른다. 그 질문에 나는 예언자가 대답했던 것처럼 "평강을 위함이니라 내가 여호와께 제사하러 왔으니… 와서 나와 함께 제사하자"(삼상 16:5)라고 답할 것이다.

당신이 이 설교를 계속 듣는다면 당신의 아침 경건 시간은 두 배의 효과를 얻게 될 것이다. 그러나 이 설교를 듣느라고 당신의 개인 예배나 가족과 함께 드리던 예배를 미루거나 이 시간으로 대체해서는 안 된다. 또한 당신은 지금과 같은 엄숙한 집회에서 하나님의 이름을 부르며 기도해야 한다. 이렇게 함께 모여 기도하는 것은 설교를 듣는 것만큼이나 중요기 때문이다.

이 아침 예배는 온 영국인들이 내전(civil war, 영국의 찰스 1세와 의회와의 싸움으로, 청교도 혁명[1642-49년]을 말함 - 역자 주)이라는 무시무시한 심판을 받아 신음하고 있을 때, 기도하기 위해 함께 모였던 데서 유래되었다. 당신은 또한 하나님의 말씀과 사귈 기회를 얻었으며, 매 구절에서 훈계 위에 훈계를 받게 되었다. 그러므로 예언자가 "나의 귀를 깨우치사 학자들 같이 알아듣게 하시도다"(사 50:4)라고 말한 것처럼, 당신은 매일 아침 하나님의 말씀을 깨달을 수 있다.

이것이 전부가 아니다. 나는 당신이 이런 기회를 통해 감화를 받아 그 효과를 계속 유지하게 되기를 바란다. 또 이 아침 설교로 인해 앞으로 아침 예배에 더욱 호의를 갖게 되고, 반복된 경건 시간이 습관이 되어 당신이 드리는 매일의 예배가 더욱 쉽고 자연스러워지기를 바란다.

당신에게 도움이 되도록, 경건한 다윗을 예로 들어 소개하겠다. 그는 시편 5장 3절에서 기도의 의무를 다하여 그것을 지킬 것을 결심한다. "여호와여 아침에 주께서 나의 소리를 들으시리니 내가 주께 기도하고 바라리이다." 여기서 그는 기도하기에 적당한 시간을 아침으로 정하고 있다.

그러나 그가 아침에만 기도한 것은 아니었다. 다니엘이 그랬듯이 다윗은 하루에 세 번 기도하는 일을 진지하게 실행했다. "저녁과 아침과 정오에 내가 근심하여 탄식하리니"(시 55:17). 아니, 다윗은 그것으로도 충분하다고 생각하지 않고 "하루 일곱 번씩 주를 찬양하나이다"(시 119:164)라고 했다. 그렇지만 그는 특히 아침 기도를 중시했다.

매일을 하나님과 함께 시작하는 것이 우리의 지혜요 의무다.

본문에서 다음의 내용을 살펴보자.
1. 우리가 해야 하는 선한 일 : 기도
   하나님이 우리의 목소리를 들으시니 우리는 주께 기도하고 그를 기다려야 한다.
2. 정해 놓고 지켜야 할 특별한 시간 : 아침
   어김없이 아침이 찾아오는 것처럼 매일 아침에 기도해야 한다.

01

우리가 해야 하는 선한 일,
기도

다윗의 예를 통해 우리가 배울 점은 한마디로 '기도하는 일'이다. 이는 빛과 자연의 법칙이 큰소리로 명료하게 외치고 있는 우리의 의무다. 즉 사람이 그들의 하나님께 마땅히 간구해야 하지 않겠느냐는 것이다.

그런데 그리스도의 복음은 자연이 우리에게 주는 가르침보다 훨씬 더 온전한 가르침으로 우리를 격려한다. 복음은 우리가 무엇을 위해 기도하며, 누구의 이름으로 기도하며, 누구의 도움을 받아서 기도해야 하는지를 말해 준다. 또한 우리가 은혜의 보좌 앞에 담대히 나아가 주님의 보혈을 의지하여 지성소에 들어갈 수 있도록 우리를 초대한다. 더구나 이 일은 아침뿐만 아니라 다른 어느 때에도 할 수 있는 일이다.

시대에 뒤떨어진 설교라는 말은 들어 봤어도 시대에 뒤떨어진 기도라는 말은 들어 보지 못했다. 기도는 결코 시대에 뒤떨어지지 않기 때문이다. 은혜의 보좌는 언제나 열려 있으며 겸손하게 간구하는 자를 언제나 환영한다. 그러므로 어느 때 나아가도 적당하지 않은 때가 없다.

본문에서 다윗이 이 의무를 지키기 위해 어떻게 경건한 결단을 표현하는지 보자.

1. 하나님이 들으시는 기도

"주께서 나의 소리를 들으시리니"(시 5:3).

우리는 이 말을 두 가지 측면으로 이해할 수 있다.

하나님이 은혜로 받아 주실 것을 확신한 다윗

다윗은 자신이 아침에 주님께 기도할 때 주님이 자신의 음성을 들으실 것이라는 믿음이 있었다. 이는 그의 믿음이 하나님의 약속 위에 기초를 두고 있음을 보여 준다. 주님의 귀가 언제나 백성의 울부짖음에 열려 있다는 믿음의 표현이다. 그는 시편 5장 1절에서 "여호와여 나의 말에 귀를 기울이사"라고 기도했고, 2절에서는 "내가 부르짖는 소리를 들으소서"라고 했다.

그리고 3절에서 기도 응답을 받았다. "주께서 나의 소리를 들으시리니."

그는 주님이 들으실 것을 의심하지 않았다. 혹시 즉시 응답받지 못할지라도 하나님이 자신의 기도를 들으시고 기억하시리라 확신했다. 고넬료의 기도가 그랬듯이 말이다. 우리의 기도는 기록되어 잊히지 않을 것이다. 우리는 우리의 내면을 들여다볼 때, 하나님이 이미 우리 마음을 준비하셨다는 것을 알 수 있다. 따라서 바라고 기대하고 확신하며 주님이 귀 기울여 들으실 것이라고 말할 수 있다.

기도하는 마음을 발견하시는 하나님이 어디서든지 그 기도를 들어 주심을 믿어야 하며, 또 그 믿음에 온전한 확신을 가지고 기도해야 한다. 비록 기도하는 음성이 연약하고 낮은 목소리일지라도 솔직한 마음에서 우러나오는 것이라면, 하나님은 기꺼이 들어 주실 것이다. 그것이 하나님의 기쁨이므로 은혜로운 응답을 해 주실 것이다.

하나님은 우리의 기도를 들으시고 우리의 눈물을 보신다. 그러므로 우리는 기도할 때, 아무것도 의심하지 말고 무엇에도 흔들리지 말며, 다음과 같은 근거와 원칙 아래에서 기도해야 한다.

즉, 성경에 나타난 하나님의 뜻에 따라 우리의 중보자이신 예수 그리스도의 이름으로, 아버지이신 하나님께 간구해야 한다. 이렇게 간구한 것은 무엇이든지 기꺼이 우리에게 허락해 주실 것이다. 요한복음 16장 23절의 약속의 말씀이 이를 뒷받침해 준다.

"그날에는 너희가 아무것도 내게 묻지 아니하리라 내가 진실로 진실로 너희에게 이르노니 너희가 무엇이든지 아버지께 구하는 것을 내 이름으로 주시리라."

또한 인류가 주님의 이름을 부르기 시작한 이후로 모든 시대 성도들의 일치되는 경험이 그 사실을 확증한다. 야곱의 하나님은 "너희가 나를 혼돈 중에서 찾으라고 이르지 아니하였노라"(사 45:19)라고 말씀하셨다. 주님은 지금도 우리가 혼돈 중에 주님을 헛되이 찾지 않게 하실 것이다. 기도로 하나님께 나아갈 때, 우리는 이러한 사실을 확신해야 한다. 하늘과 땅 사이의 거리가 멀고 우리에게 하나님의 사랑과 은총을 받을 만한 자격이 없음에도 불구하고, 하나님은 우리의 목소리를 들으시고 긍휼히 여기시며 우리의 기도를 멀리하지 않으신다.

서원한 대로 끊임없이 하나님께 나아갈 것을 약속한 다윗

"주께서 나의 소리를 들으시리니." 다윗은 주님이 "그의 귀를 내게 기울이셨으므로 내가 평생에 기도하리로다"(시 116:2)라고 고백한다. 하루도 빠짐없이 주님께 기도하겠다는 약속이다.

사람들은 기도하는 것을 그들의 "목소리를 상달하게 하려는 것"(사 58:4)으로 생각하지만, 하나님이 중시하시는 것은 목소리가 아니다. 한나의 기도는 소리가 들리지 않았지만 능력이 있었다. 또한 출애굽기 14장 15절에서 여호와께서 모세에게 "너는 어찌하여 내게 부르짖느냐"라고 말씀하셨지만, 사실 그때 모세는 한마디 말도 하지 않았다.

이처럼 기도는 우리의 영혼을 하나님께 올려드리며 그 앞에 우리의 마음을 쏟아 놓는 것이다. 물론 마음에서 일어나는 경건한 감동을 말로 표현하는 것도 생각을 정리하고 소망을 북돋는 데 필요하다. 그러므로 정결한 마음과 겸손한 목소리로 하나님께 가까이 가는 것이 좋다. 그렇게 해서 우리의 입술로 주님께 감사해야 한다.

하지만 하나님은 마음의 언어를 이해하신다. 우리는 바로 그 언어로 하나님께 말씀드려야 한다. 다윗은 시편 5장 1절에서 "나의 말에 귀를 기울이사 나의 심정을 헤아려 주소서"라고 기도하고 있으며, 시편 19장 14절에서도 "내 입의 말과 마음의 묵상이 주님 앞에 열납되기를 원하나이다"라고 기도했다.

그러므로 우리는 기도할 때마다 하나님께 말씀드리며 그분께 편지를 써야 한다. 우리가 친구에게 편지를 받으면 그 친구로부터 소식을 듣는다고 말하는데, 하나님은 날마다 우리에게서 오는 소식을 듣기 원하신다는 사실을 기억해야 한다.

하나님은 우리의 기도를 기대하시며 요구하신다

하나님은 우리 자신이나 우리의 봉사가 필요하신 것이 아니다. 그것으로 무슨 이익을 얻으시는 것도 아니다. 그러나 하나님은 우리가 기도의 제사를 드리며 끊임없이 하나님을 찬양하길 원하신다.

첫째, 하나님은 우리가 기도를 통해 그분을 높이고, 끊임없이 그분께 순종할 수 있게 하신다. 또한 하나님은 우리가 기도를 통해 진실한 마음으로 그를 경외하며 그의 이름에 영광 돌리기를 원하신다.

이러한 행위가 자주 반복되어 우리가 하나님의 율례를 관찰하고, 지켜야 하는 의무를 강화하고, 그 중요성을 점점 더 깊이 깨닫게 되기를 바라신다. 그분은 우리의 하나님이시니 그분을 경배하라고 하신다. 우리는 하나님의 온전하심을 겸손히 경배함으로써, 계속해서 그의 뜻에 더욱 자연스럽게 순종할 수 있다. 우리는 경배를 통해서 순종을 배운다.

둘째, 하나님은 기도를 통해 우리에게 하나님의 사랑과 연민을 나타내신다. "환난 날에 나를 부르라"(시 50:15)고 말씀하신 것만 보아도 하나님이 우리에게 얼마나 관심을 가지고 계시는지 충분히 알 수 있다. 그뿐만이 아니다. 아버지가 자녀를 멀리 보낼 때 애정을 표현하듯이, 우리를 귀하게 여기심을 나타내기 위해 특별한 일이 없을 때도 매일 기도하라고 하신다.

정직한 자의 기도는 하나님의 기쁨이며, 하나님 귀에 음악과 같다. 노래 중의 노래인 아가서 2장 14절에서 주님은 "내가 네 얼굴을 보게 하라 네 소리를 듣게 하라 네 소리는 부드럽고 네 얼굴은 아름답구나"라고 말씀하셨다. 또한 아가서 끝부분에서는 "너 동산에 거주하는 자야 친구들이 네 소리에 귀를 기울이니 내가 듣게 하려무나"(아 8:13)라고 말씀하셨다. 이는 그리스도께서 그의 배우자인 교회를 향해 하신 말씀이기도 하다.

우리가 기도하려는 것보다 하나님이 먼저 우리의 기도를 들으려 하시며, 우리가 기도하기 전에 하나님이 먼저 들어 주실 준비를 하신다는 사실이 우리에게 얼마나 부끄러운 일인가?

우리는 매일 하나님께 드릴 말씀이 있다

많은 사람이 이 사실을 깨닫지 못하는 이유는 그들의 죄악 때문이다. 이는 참으로 불행한 일이다. 그들은 하나님 없이 세상을 살고 있으며, 하나님 없이도 살 수 있다고 생각한다. 우리가 하나님께 속해 있으며 우리에게 그에 대한 의무가 있음을 알지 못하기 때문에 그들은 주님께 드릴 말씀이 아무것도 없다.

탕자가 한 주 한 주를 소비하며 방황할 때 그 아버지가 아무 소식도 듣지 못했던 것처럼, 하나님은 그들로부터 아무것도 듣지 못하신다. 그들은 전능자가 자신을 위해 무엇을 할 수 있느냐고 묻는다. 하나님께 기도함으로써 무슨 유익을 얻을 수 있느냐고 경멸하듯이 묻는다. 그리고 전능자에게 자신을 떠나라고 말한다. 그 결과, 그들의 운명은 그들이 원하는 대로 될 것이다.

그러나 당신은 그래서는 안 된다. 겁도 없이 하나님 앞에 기도하는 것을 금하는 자들처럼 되어서는 안 된다. 전능자께서 당신에게 베푸시려는 모든 것을 수용할 태세를 갖추고, 그에게 기도하는 것이 유익한 줄로 알아 하나님께 가까이 나아가기로 결단해야 한다. 그래서 하나님이 당신에게 가까이하게 되기를 바란다. 우리는 날마다 하나님께 드릴 말씀이 있다.

첫째, 사랑하는 친구에게 말하듯이 하나님께 자연스럽게 말씀드리라. 우리는 친구에게 특별한 용무가 없더라도 찾아가서 이야깃거리가 떨어질 걱정 없이 대화를 나눈다. 허심탄회하게 서로의 생각을 표현하며 사랑과 존경을 나타낸다.

아브라함은 하나님의 친구로 불렸고 모든 성도도 그와 같은 영광을 가졌다. 예수님은 "이제부터는 너희를 종이라 하지 아니하리니… 너희를 친구라 하였노니"(요 15:15)라고 말씀하셨으며, 의로운 사람들과 함께 비밀을 나누셨다. 우리는 예수님과 친밀하게 지낼 수 있으며, 친구가 서로 나란히 걸어가듯이 예수님과 함께 걸을 수 있도록 초대받았다. 그러므로 우리의 사귐은 "아버지와 그의 아들 예수 그리스도와 더불어"(요일 1:3) 하는 것이다. 그런데도 예수님께 드릴 말씀이 아무것도 없는가?

우리가 온전히 이해할 수 없고 깊이 생각해서 만족할 만한 답을 얻을 수도 없는 주님의 무한하신 완전무결함을 찬양해야 한다는 것만으로도, 그의 은혜의 보좌 앞에 나아갈 충분한 이유가 되지 않겠는가? 주님의 아름다움을 바라보며 그의 이름에 합당한 영광을 돌리는 가운데 즐거움을 얻는 것으로 충분하지 않은가?

주님이 자신을 우리에게 나타내시고 은혜와 은총을 내려주심에 감사하라. "모든 것을 아시오매 내가 주님을 사랑하는 줄을 주님께서 아시나이다"(요 21:17)라고 주님을 향한 사랑과 순종을 고백하라. 하나님께 드릴 말씀이 얼마나 많겠는가?

하나님은 성경을 통해 날마다 우리에게 하실 말씀이 있으시며, 우리는 하나님의 섭리와 우리의 양심에 따라 그 말씀을 들어야 한다. 그다음 하나님은 우리가 하나님께 대답하여 하는 말이 있는지 귀 기울여 들으신다. 그런데 우리가 하나님께 할 말이 없다면 너무 매정한 일이 아니겠는가?

하나님이 우리에게 "너희는 내 얼굴을 찾으라"(시 27:8)라고 하실 때 "여호와여 내가 주의 얼굴을 찾으리이다"(시 27:8)라고 해야 하지 않겠는가? "배역한 자식들아 돌아오라"(렘 3:22)라고 말씀하실 때 "보소서 우리가 주께 왔사오니 주는 우리 하나님 여호와이심이니이다"(렘 3:22)라고 즉시 대답할 수 있어야 하지 않겠는가? 주님이 죄를 깨닫게 하시며 책망하시고 위로하시면, 자백과 복종으로 응답하고 찬양으로 대답해야 하지 않겠는가?

우리가 하나님을 사랑한다면, 주님께 드릴 말씀을 애써 짜내거나 우리의 마음을 억지로 쏟아 놓으려 하지 않아도 된다. 이미 하나님의 은혜로 주 앞에 놓여 있기 때문이다.

둘째, 함께 동역하며 섬기는 주인에게 하듯 말씀드리라. 우리와 하나님 사이에 놓여 있는 관심사가 얼마나 방대하며 중요한가를 생각해 보라. 그러면 주님께 드릴 말씀이 무척 많다는 것을 곧 깨닫게 될 것이다.

우리는 끊임없이 그를 의지해야 한다. 우리의 모든 기대는 그에게서 나오고 항상 그와 관련되어 있다. 그는 우리와 관계하고 계시는 하나님이시다.

"지으신 것이 하나도 그 앞에 나타나지 않음이 없고 우리의 결산을 받으실 이의 눈앞에 만물이 벌거벗은 것 같이 드러나느니라"(히 4:13).

우리의 행복은 하나님의 은혜와 끊을 수 없는 관계에 있다. 그것은 생명, 곧 우리 영혼의 생명으로서 우리 육체의 생명보다 더 귀하다. 우리는 하나님께 은총을 구하되 우리의 온 마음을 다하여 간구해야 하며, 주의 얼굴을 들어 우리에게 비춰 주시기를 기도해야 한다. 그리스도의 의로우심을 통해서만 하나님의 자비하심을 입을 수 있으니 당연히 그의 의를 구해야 하지 않겠는가?

우리가 하나님을 대적해 왔다는 사실을 아는가? 우리의 죄악으로 말미암아 진노와 저주에 합당한 자가 되어 날마다 죄에 물들고 있음을 알고 있는가? 그렇다면 주님께 우리의 잘못과 어리석음을 고백하고 그리스도의 보혈 안에서 용서를 구하며 우리의 평화이신 그리스도 안에서 하나님과 화평을 맺어야 하지 않겠는가? 주님의 능력 안에서 이제 더 이상 죄를 짓지 않도록 그와 세운 언약을 새롭게 하는 등 하나님과 더불어 할 일이 있지 않겠는가? 날마다 하나님의 영광과 우리 자신의 영혼을 위해 해야 할 일이 그날그날 새롭게 있음을 알지 못하는가?

그런데도 주님이 원하시는 일이 무엇인지 보여 주시고 인도해 주시며 우리를 능력으로 덧입혀 주시도록 하나님께 간구할 일이 없겠는가? 우리를 도우시고 용납하셔서 우리가 선한 일에 뜻을 두고 행하도록 역사하시고 후원하시며 나타내 주실 것을 간구해야 하지 않겠는가? 이러한 일들이 우리가 종으로서 주인이신 주님께 해야 할 일이다.

우리는 끊임없는 위험 속에 살고 있다. 우리의 육체가 그렇고 우리의 생명과 안위 또한 그렇다. 우리는 끊임없이 질병과 죽음에 둘러싸여 있으며, 그 화살은 밤이나 낮이나 가릴 것 없이 날아든다. 그런데도 우리가 들어가고 나올 때, 자리에 눕고 일어날 때, 하나님의 섭리 가운데 우리를 보호해 주시며 천사들의 보호 속에 거하게 해 주시도록 간구할 것이 없겠는가? 더 나아가 우리의 영혼에는 그보다 더한 위험이 있지 않겠는가?

우리를 대항해서 싸우며 삼키려는 자는 힘세고 교활한 마귀다. 그런데도 우리가 주님의 은혜 안에 보호하심을 입고 그의 전신 갑주를 입어 사탄의 계략과 폭력에 대항해서 일어서도록 하나님께 간구할 일이 없겠는가? 갑자기 닥쳐오는 유혹으로 말미암아 죄에 빠져 놀라거나 강한 유혹에 제압당하지 않도록 간구할 일이 없겠는가?

우리는 날마다 죽어가고 있다. 죽음은 우리 안에서 활동하면서 우리를 재촉한다. 그 죽음이 심판을 동반해서 오는 것과 이 심판이 우리의 영원한 운명을 결정짓는다는 것을 알지 못하는가? 그런데도 우리 앞에 닥쳐올 일을 예비하기 위해 하나님께 드릴 말씀이 없겠는가? "주여, 우리로 종말을 알게 하소서! 주여, 우리에게 우리의 날 계수함을 가르치소서!"라고 기도해야 하지 않겠는가? 심판을 면하기 위해 자신을 살펴보고, 자신의 행위가 올바르고 선하도록 하나님과 더불어 해야 할 일이 없겠는가?

그리스도는 머리이시고 우리는 그의 지체인데도 우리가 살아 있는 지체임을 증명하는 일에 얼마나 관심이 있는가? 교회를 위해서나 시온과 예루살렘의 무너진 벽을 위해 당신이 중보해야 할 일은 전혀 없는가? 또 조국의 평화와 복지를 위해서는 어떤가? 우리는 가족의 일원으로서 집안일에는 아무 신경도 쓰지 않는 어린아이들과는 다르지 않은가?

또 기쁨과 슬픔을 함께 나눌 사랑하는 친척이나 친구들이 우리에게 있지 않은가? 그들을 위해 하나님께 드릴 말씀이 전혀 없는가? 간구할 것이나 불만을 토로할 것이 없는가? 아픈 사람이나 곤궁에 처해 있는 사람, 유혹을 당하거나 수심에 잠겨 있는 사람은 없는가? 그들을 구제하고 도와주시도록 간구하기 위해 은혜의 보좌로 나아갈 일이 없단 말인가?

자, 이 모든 것을 내려놓고 생각해 보자. 이래도 매일 하나님께 아뢸 것이 없는가? "내가 죄를 지었사오니"(욥 34:31), "나를 정죄하지 마시옵고"(욥 10:2)라고 아뢰게 될 환난의 날에도 그렇겠는가?

매일 기도하지 못하는 이유는 무엇인가

하나님께 아뢸 것이 수없이 많은데도 매일 기도하지 못하는 이유는 무엇인가? 이렇게 많은 기도 제목이 있는데 무엇이 당신의 기도를 방해하는가?

첫째, 거리감 때문에 기도가 방해받아서는 안 된다. 우리가 어떤 친구와 이야기해야 할 경우를 생각해 보자. 만약 그가 멀리 떨어져 있어서 연락할 수 없고 어디에 있는지 찾을 수도 없으며 편지도 쓸 수 없다면, 자연히 그 친구와는 아무 말도 할 수 없을 것이다.

그러나 하나님과 이야기할 때는 그럴 일이 없다. 하나님은 하늘에 계시고 우리는 땅에 있지만, 그분은 자신을 찾는 백성, 곧 기도하는 백성에게 가까이 계시며 우리가 어디에 있든지 우리의 목소리를 들으시기 때문이다. 다윗은 "여호와여 내가 깊은 곳에서 주께 부르짖었나이다"(시 130:1), "내 마음이 약해질 때에 땅끝에서부터 주께 부르짖으오리니"(시 61:2)라고 말했다. 또 요나는 "내가 스올의 배 속에서 부르짖었더니 주께서 내 음성을 들으셨나이다"(욘 2:2)라고 고백했다.

어느 곳에서나 하늘을 향한 길은 열려 있다. 주님이 우리를 위해 친히 보혈을 흘려 지성소로 들어가는 새롭고 산 길을 열어 주시고 하늘과 땅 사이의 소통을 이루어 주셨기 때문이다.

둘째, 두려움 때문에 기도가 방해받아서는 안 된다. 우리가 아주 위대한 사람과 만날 때, 그 사람의 신분이 너무 높거나 완고하고 엄격하면 용무가 있어도 이야기하기가 두려울 때가 있다. 그 사람에게 나를 소개해 주거나 좋게 말해 줄 사람이 없어서 목적했던 바를 취소하기도 한다. 그렇지만 하나님과 대화할 때는 그런 일로 실망하는 경우가 없다. 우리는 담대하게 은혜의 보좌 앞에 나아갈 수 있으며, '언론의 자유'를 가지고 우리의 온 영혼을 쏟아 놓을 수 있다.

주님은 겸손하게 간구하는 자들에게 연민을 베푸시므로 그의 엄위하심조차도 그들을 두렵게 하지 못한다. 우리가 두려워하는 것 자체가 하나님의 마음을 거스르는 것이다. 우리는 "무서워하는 종의 영을 받지 아니하고 양자의 영을 받았으므로"(롬 8:15) 주님이 우리에게 용기를 주실 것이다. 또한 하나님의 자녀가 갖는 다른 복된 자유함도 누리게 하실 것이다.

그뿐만이 아니다. 우리에게는 우리를 소개해 주시고 우리를 위해 간구하시며 하나님께 중보해 주시는 분이 계신다. 아이들이 아버지께 갈 때 중보자가 필요한가? 그러나 우리에게는 의지할 수 있는 하나님 아버지가 계실 뿐 아니라, 거짓 없으신 예수님이 그 사이에 온전한 중보자로 계신다. 중보자 예수님의 관심과 중보를 누릴 수 있다는 사실은 우리에게 커다란 위안이 된다. 예수님의 이름을 의지해서 언제 어디서나 담대히 하나님 앞에 나아갈 수 있으니 말이다.

셋째, 하나님이 우리가 해야 할 일과 우리가 아뢰어야 할 것을 이미 다 알고 계신다는 사실 때문에 기도가 방해받아서는 안 된다. 주님이 모든 것을 다 알고 계시니까 기도하려고 애쓸 필요가 없다고 생각해서는 안 된다. 주님은 우리가 바라고 원하는 바를 이미 알고 계시므로 기도하지 않아도 우리의 모든 소망이 하나님 앞에 놓여 있다는 것은 사실이다. 주님은 우리의 필요와 부담을 알고 계신다. 그럼에도 주님은 우리를 통해서 그것을 알기 원하신다.

주님은 우리에게 구원을 약속하셨다. 그리고 우리는 반드시 그 약속을 간청해야 한다. 주님은 "이스라엘 족속이 이같이 자기들에게 이루어 주기를 내게 구하여야 할지라"(겔 36:37)라고 하셨다. 비록 우리의 기도로 주님께 아무런 새로운 정보를 드릴 수 없다고 해도 우리는 기도함으로써 하나님께 영광을 돌려야 한다.

우리가 어떤 말을 함으로써 그것이 주님께 영향을 주거나 그가 우리에게 자비를 베푸시도록 움직이게 하는 것은 아니다. 오히려 그것은 우리 자신에게 영향을 주며 은혜받기에 합당한 형상으로 우리 자신을 변화시킨다. "구하라 그리하면 받으리니"(요 16:24)라는 말씀은 주님의 은총을 받기 위한 매우 쉽고도 타당성 있는 조건이다.

주님이 맹인들에게 "너희에게 무엇을 하여 주기를 원하느냐"(마 20:32)라고 다소 이상한 질문을 하신 것은, 우리가 은총을 입기 위해서 기도해야 함을 가르치시려는 것이었다. 주님은 그들에게 필요한 것이 무엇인지 알고 계셨다. 그러나 금홀의 끝을 만지려는 사람은 자신의 청원이 무엇이며 자신이 바라는 것이 무엇인지 말할 준비가 되어 있어야 한다.

넷째, 다른 어떤 일로도 기도가 방해받아서는 안 된다. 우리는 때로 친구와 해야 할 일이 있어도 시간이 없어서 못 하는 경우가 있다. 그보다 더 중요하다고 생각하는 일이 있기 때문이다. 그러나 하나님과 관계된 일들은 그럴 수 없다. 하나님과 관계된 일은 어떤 일이라도 제쳐놓고 해야 할 가장 필수적인 일이기 때문이다.

우리가 세상에서 위대하게 되는 것이나 재산을 늘리는 일 따위는 우리의 행복에 반드시 필요한 일은 아니다. 그러나 하나님과 더불어 평화를 누리며 그의 은총을 입고 그의 사랑 안에 거하는 것은 절대적으로 필요한 일이다. 그러므로 세상의 어떠한 일도 우리를 하나님 앞에 나아가지 못하게 하는 구실이 될 수 없다. 오히려 반대로 세상의 일이 중요할수록 하나님이 그 위에 복 주시기를 기도하며 더욱더 하나님을 의탁하고 늘 함께 하시기를 구해야 한다. 기도에 전념하며 기도로 하나님과 더 가까이할수록 우리의 모든 행사는 더욱 형통할 것이다.

하나님이 당신의 음성을 자주 들으실 수 있게 하라. 비록 그것이 살아 있는 표시인 탄식 소리에 불과하며(애 3:56) 신음에 불과할지라도, 또 너무 연약하여 마땅히 기도할 바를 알지 못할지라도(롬 8:26) 말이다. 히스기야 왕이 "나는 제비같이, 학같이 지저귀며"(사 38:14)라고 했던 것처럼, 비록 그것이 온전한 언어가 아닐지라도 그에게 기도해야 한다. 자주 주님께 말씀드리라. 그는 언제나 들으신다.

주님이 당신에게 이야기하시는 것을 경청하라. 그리고 당신이 주님께 하는 모든 기도를 주목해 보라. 우리가 사업상의 어떤 편지에 답장을 쓸 때 받은 편지를 앞에 놓고 답장을 쓰는 것처럼, 하나님의 말씀이 우리 소원의 인도자가 되어야 하며, 우리 기대의 바탕이 되어야 한다. 우리가 주님의 말씀에 귀를 막고 있다면, 우리가 구한 간구에 주님이 자비로운 응답을 주시리라 기대할 수 없다.

하나님과 대화할 기회를 자주 가지라. 그분과의 교제 안에서 더욱 성장하며 그를 불쾌하게 하는 어떠한 일도 삼가라. 예수 그리스도에 대한 관심을 불러일으키도록 힘쓰라. 우리는 오직 그를 통해서만 담대하게 하나님께 나아갈 수 있다. 기도하기에 알맞은 목소리로 가다듬고 언어를 깨끗하게 하여 주의 이름을 부르기에 합당하게 하라(습 3:9). 기도할 때마다 하나님께 기도하고 있음을 기억하고 영혼 깊숙이 경외심을 가지라.

우리는 하나님 앞에서 함부로 입을 열지 말아야 하며 급한 마음으로 말하지 않아야 한다. 하나님은 하늘에 계시고 우리는 땅에 있기 때문이다(전 5:2). 만일 하나님이 우리를 초청하고 격려하지 않으셨다면 티끌과 같은 우리가 감히 주께 아뢰는 것은(창 18:27) 용서받을 수 없는 주제넘은 일이었을 것이다.

또한 우리가 주님께 아뢰는 것은 우리의 생명과 영혼을 위한 것이므로 진실한 마음으로 간절히 말하도록 주의해야 한다.

2. 하나님께 드리는 기도

우리의 목소리를 하나님께 들려드려야 할 뿐 아니라, 신중하게 계획을 세워 말씀드려야 한다. 시편 5장 3절에는 "내가 주께 기도하고"라고 되어 있지만, 원래 말씀은 시편 25장 1절에서처럼 "나의 영혼이 주를 우러러보나이다"라는 의미다.

다시 말해, "나의 사랑을 주께 드립니다. 나의 마음을 주님께 정하고 나의 사랑을 쏟겠습니다"라는 말로, 영문 번역이 잘 표현해 주고 있다. "내가 주께 기도하고(I will direct my prayer unto thee, KJV)." 이 말에는 다음과 같은 의미가 있다.

집중해서 기도해야 한다

기도의 의무를 민감하게 적용하고 거기에 생각을 고정하라는 것이다. 우리는 기도할 때 진정으로 중요한 무언가를 기대하고 있는 사람답게 신중하게 구해야 하며, 소홀히 여겨서는 안 된다. 기도할 때 무엇이 이루어져야 하며 무엇을 얻어야 하는지 깊이 생각하지 않고 구하는 어리석은 제사가 되어서는 안 된다. 선한 목적을 두고 그 목적에 맞추어 현명하게 기도해야 한다. 하나님의 영광과 우리 자신의 진정한 행복을 구하라.

은혜의 약속은 너무나 좋은 것이다. 하나님은 그 약속이 우리에게 유익이 되도록 하셨다. 따라서 우리가 하나님의 영광을 구할 때, 하나님은 그 기도가 우리 자신의 진정한 유익을 효과적으로 구하는 것이 되게 하신다. 이는 표적을 향해 화살을 쏘는 사람이 그것을 겨냥하여 눈을 고정하고 손을 똑바로 해서 목표물을 정확히 맞히는 것과 같다. 이것이 바로 집중하여 기도하는 것이다. 우리의 마음이 하나님께 다가가도록 몰두하는 것이며, 그러기 위해 그 밖의 모든 것에서 멀어져야 한다.

한 눈으로 목표를 겨냥하는 사람은 다른 것을 보지 말아야 하며, 여러 가지 생각을 하나로 모아야 한다. 모든 것을 총동원해야 할 만큼 충분한 가치와 필요가 있는 일이기 때문이다. 그러므로 우리는 시편 기자처럼 "하나님이여 내 마음이 확정되었고 내 마음이 확정되었사오니"(시 57:7)라고 말할 수 있어야 한다.

주님께 기도해야 한다

이것은 다음과 같은 의미를 지닌다.

신실한 목적을 가지고 기도해야 한다

바리새인들이 구제할 때 사람들에게 보이게 함으로써 자신들이 영광을 얻었던 것처럼, 사람에게 보이기 위한 기도를 해서 칭송과 갈채를 받아서는 안 된다. 진실로 그들은 자기의 상을 이미 받았다. 사람들은 그들을 존경할지 모르지만, 하나님은 그들의 자만과 위선을 싫어하신다. "우리에게 선을 보일 자 누구뇨"(시 4:6)라고 말하는 사람들처럼 뚜렷한 목적도 없이 무조건 기도해서도 안 된다.

"성심으로 나를 부르지 아니하였으며 오직 침상에서 슬피 부르짖으며 곡식과 새 포도주로 말미암아 모이며"(호 7:14)라고 말씀하신 자들처럼, 세상의 환심을 사고 부귀를 얻으려고 기도해서도 안 된다. 즉 우리 기도의 중심과 동기가 우리 자신, 곧 육신이 되어서는 안 된다.

하나님께 간구할 때 우리는 하나님이 최상의 목적이 되도록 우리 영혼의 눈을 주님께 돌려야 한다. 그리고 이러한 태도가 우리 영혼의 습관이 되어 하나님의 이름이 찬양받으시며, 이것을 우리 소망의 목적으로 삼아 하나님이 영광을 받으시도록 해야 한다. 곤비함이 닥쳐올 때도 이로 말미암아 모든 것이 조정되고 결정되며 성화되어야 한다. 주님은 주기도문의 첫머리에서 이것을 분명하게 가르치셨다.

"하늘에 계신 우리 아버지여 이름이 거룩히 여김을 받으시오며"(마 6:9).

우리는 하나님의 이름이 거룩히 여김을 받는 것에 목적을 두고, 그 목적을 위해 다른 모든 것들을 구해야 한다. 그 속에서 우리의 기도는 하나님의 영광을 위해 이루어지고, 이를 통해 하나님과 그 거룩하심의 영광을 알게 될 것이다.

하나님의 이름을 거룩하게 할 때, 우리는 그의 나라가 임하고 그의 뜻이 이루어지기를 바라며, 일용할 양식을 얻고 죄 용서하심을 입는다. 신실하고 온전한 복음은 언제나 하나님의 영광에 목표를 두어야 한다. 눈이 성하면 온몸과 온 영혼이 밝을 것이다. 그러므로 기도는 하나님만을 향해 드려야 한다.

한결같이 하나님만 생각하며 기도해야 한다

우리는 하나님께만 기도를 드려야 한다. 그분과 할 일이 있는 것처럼 끊임없이 그를 생각해야 하며, 용무가 있는 사람에게 말하는 것처럼 우리의 기도를 드려야 한다.

성경은 하나님이 우리에게 보내신 편지며, 기도는 우리가 하나님께 보내는 편지다. 편지를 보낼 때 겉봉투에 주소를 쓰고 내용물을 올바르게 넣어야 하는 것은 당연하다. 그렇지 않으면 편지가 제대로 배달되지 못한다. 당신은 매일 기도함으로써 하나님께 편지를 보낸다. 그러나 편지를 제대로 보내지 않는다면 잘 도착했는지 어떻게 알겠는가? 그러므로 하나님께 기도할 때는 다음의 지침을 따라야 한다.

첫째, 존경하는 사람에게 편지를 쓸 때처럼 하나님께 합당한 호칭을 사용하라. 위대하신 여호와, 모든 것 위에 뛰어나신 하나님, 영원토록 영광받으실 하나님께 기도하라. 왕 중의 왕이요 주 중의 주이시며, 은혜롭고 자비로우신 주 하나님을 향한 경건한 경배와 찬양이 당신의 마음과 입술에 가득하게 하라. 경외하는 마음과 경건한 두려움을 가지고 주님께 경배하라. 당신의 마음에 거룩한 경외감을 불러일으키기에 합당한 주님의 호칭에 주의를 기울이며, 크신 위엄과 측량할 수 없는 위대함 가운데 계신 영광의 하나님께 기도하라. 기도할 때 감히 그를 업신여기거나 조롱하는 말을 해서는 안 된다.

둘째, 하나님의 자녀로서 그분과의 관계를 기억하라. 하나님의 영광에 대한 경배심과 지나친 두려움으로 인해 그의 자녀라는 사실을 간과하거나 잊어서는 안 된다. 어떤 선한 사람이 있었는데 그가 죽은 후에 발견된 그의 기록물에 다음과 같은 내용이 있었다고 한다.

> "은밀한 기도 시간에 기도를 시작하면서 '위대하신 하나님', '전능하신 하나님', '진노하시는 하나님'과 같은 두렵고 무서운 호칭들을 부르다가 이런 생각을 하게 되었다. 왜 나는 하나님을 '나의 아버지'라고 부르지 않는가?"

그리스도께서 친히 모범을 보이시며 우리에게 가르치시기를, 하나님을 '우리 아버지'로 부르라고 하지 않으셨는가? 또한 양자의 영이 '아바 아버지'라고 부르도록 가르쳐 주지 않으셨는가? 아들이라면, 비록 그가 탕자라도 해도 돌아와 회개할 때는 그의 아버지에게 가서 "아버지 내가 하늘과 아버지께 죄를 지었사오니"(눅 15:21)라고 말할 수 있다. 더 이상 아들이라고 불릴 자격이 없지만 그래도 겸손하고 담대하게 그를 아버지라고 부를 수 있다.

에브라임이 자신이 "멍에에 익숙지 못한 송아지"(렘 31:18) 같다고 스스로 탄식하고 있을 때, 하나님은 그를 "나의 사랑하는 아들 기뻐하는 자식"(렘 31:20)이라며 측은히 여기셨다. 이처럼 하나님이 우리를 부끄럽게 여기지 않으시기에 우리는 그와의 관계를 두려움 없이 유지해야 한다.

셋째, 하늘에 계신 하나님께 기도하라. 이것은 주님이 주기도문의 첫머리에서 가르쳐 주신 것이다. "하늘에 계신 우리 아버지여"(마 6:9). 이 말은 하나님이 하늘에 제한되어 계신다거나, 하늘 혹은 하늘 위의 하늘이 하나님을 제한할 수 있다는 말이 아니다. 그곳에는 왕국을 통치하는 통치의 보좌뿐만 아니라 우리가 믿음을 가지고 가까이 나아가야 하는 은혜의 보좌도 준비되어 있다는 의미다. 이방인의 신이 사람이 손으로 만든 사원 안에 거하는 것과는 대조적으로, 하나님이신 주님은 하늘 위에 계신다. 그 하나님께 우리의 눈을 돌려야 한다.

하늘은 높은 곳이므로 우리는 지극히 높이 계신 하나님께 기도해야 한다. 그곳은 빛의 원천이므로 주님을 빛의 아버지라고 불러야 한다. 그곳은 감찰하는 곳이므로 그의 눈이 우리를 내려다보고 계신 것을 알아야 한다. 그곳은 정결한 곳이므로 우리는 기도할 때 거룩하신 하나님을 바라보며 그의 거룩하심을 기억하여 감사해야 한다. 그곳은 그의 능력의 창공이므로 우리는 모든 능력을 가지고 계신 그를 의지해야 한다. 주님은 우리가 필요로 하는 복이 하늘에서 온다는 것을 가르치시기 위해, 눈을 하늘로 들고 기도하셨다.

넷째, 하나님과 인간 사이의 유일한 중보자이신 주 예수님의 손에 편지를 드리라.

편지를 예수님의 손에 드리지 않는다면 분명 잘못 전달될 것이다. 주님이 모든 성도의 기도에 많은 향을 넣어 하나님 아버지께 드리는 천사이시기 때문이다(계 8:3). 따라서 우리가 하나님께 구하는 것은 모두 예수님의 이름으로 구해야 한다. 아버지로부터 받기를 기대하는 것도 예수님의 손에 의해 이루어져야 한다. 그는 사람을 위하여 예물을 드리게 되어 있는 대제사장이시기 때문이다(히 5:1). 주님께 편지를 드리라. 그러면 주님은 신속하고도 사려 깊게 우리의 기도가 열납되게 해 주실 것이다.

조지 허버트(George Herbert)는 "가방"이라는 시에서 그리스도께서 십자가에 매달려 계실 때 그의 옆구리의 상처를 감동적으로 묘사했다. 그는 이 시에서 주님이 하늘로 가시며 모든 믿는 자들에게 다음과 같이 말씀하신다고 표현했다.

너희가 전해야 할 것이나 편지가 있다면,
내게 가방은 없으나 여기 공간이 있다.
내 아버지의 손과 그의 목전에
안전하게 전해질 것을 믿으라.

네가 알리고자 하는 것을
잊지 않고 기억하리니.
자, 나의 심장 가까이 가져오라.

또한 이후로 나의 친구 중 누구라도
이처럼 내가 필요하다면,
그 문은 그때에도 여전히 열려 있을 것이다.

그가 보내는 것을 내가 전할 것이며,
그에게 해가 되지 않게 더 보완할 것이다.
탄식만으로도 내게 모든 것을 전할 수 있다.
절망이여, 사라져라.

3. 위를 바라보는 기도

기도할 때 위를 바라보아야 한다

우리는 무한히 높은 곳에 계시며 영원하신 분, 높고 거룩하신 분께 말씀드리는 자처럼 기도해야 한다. 위에 계신 빛의 아버지로부터 오는 모든 선한 것과 온전한 선물을 기대하는 자답게, 지성소에 들어가 진정한 마음으로 가까이 나아가기를 바라는 자처럼, 위를 바라보며 기도해야 한다. 믿음의 눈으로 세상과 그 안에 있는 것 너머를 바라보아야 하며, 시간에 한정된 문제 너머를 볼 수 있어야 한다. 예수 그리스도를 통해 하늘로부터 오는 영적인 복을 올바로 평가할 줄 아는 사람에게 이 세상과 이곳에 있는 모든 것이 무슨 의미가 있겠는가?

인간의 영혼은 그것을 주셨던 하나님께로 돌아가기 때문에 죽은 후에 위로 올라간다(전 3:21). 따라서 그 근원을 잊지 않고 기도할 때마다 우리는 위에 보물을 쌓아 놓는 것이다. 우리는 위에 있는 것들을 사랑하며 항상 위를 향하고, 하나님을 향하며, 고향을 향해야 한다. "우리의 마음과 손을 아울러 하늘에 계신 하나님께 들자"(애 3:41). 예전의 어떤 교회들은 성도들에게 다음과 같은 말로 기도를 시작하게 했다.

"여호와여 나의 영혼이 주를 우러러보나이다"(시 25:1).

기도가 끝난 뒤에도 위를 바라보아야 한다

만족과 기쁨의 눈으로 위를 바라보아야 한다. 내려다보는 것이 슬픔의 표현이라면 우러러보는 것은 기쁨의 표현이다. 우리는 하나님께 우리 자신에 대해 기도함으로써 마음의 평안과 기쁨을 누려야 한다. 그의 지혜와 선하심을 전적으로 믿고 응답을 기대하면서 참을성 있게 기다려야 한다.

한나는 기도할 때 위를 바라보았고 그녀의 얼굴에는 기쁨이 있었다. 그녀는 기도한 후에 가서 먹고 얼굴에 다시는 근심 빛이 없었다(삼상 1:18). 그리스도인들에게 있어 올바른 기도는 마음의 평안이다. 기도할 때 우리는 은혜로 이미 기도 응답을 받은 것처럼 여기며 위를 바라보아야 한다.

우리는 하나님이 우리의 기도에 어떤 응답을 주시는지 관찰하는 눈으로 위를 바라보아야 한다. 화살을 쏜 사람이 그 화살이 표적에 얼마나 가까이 갔는가를 살펴보는 것처럼, 주님을 바라보며 기다려야 한다.

또한 우리 자신을 들여다보아야 한다. 기도를 마친 후 우리 영혼이 어떠한 상태이며, 하나님의 뜻에 얼마나 만족하고 있는지, 그 뜻에 얼마나 적응할 마음을 가졌는지 관찰해야 한다. 그래야만 우리의 기도가 응답될 때 하나님께 감사할 수 있으며, 그렇지 않을 때는 기도 응답을 방해하는 것들을 제거하고 계속 기다릴 수 있다. 그러므로 우리는 하나님이 우리에게 무슨 말씀을 하실지 깨닫기 위해 더욱 유념함으로 간절히 살펴야 한다(히 2:1).

또한 화평을 말씀하실 것을 기대하고 다시 어리석은 데로 돌아가지 않을 것을 결심하며, 들을 준비가 되어야 한다(시 85:8). 하나님을 바라보며 기도할 때마다 하나님이 그의 얼굴을 들어 우리에게 비춰 주실 것을 기대하면서 하나님과의 영적인 교제를 지속해야 한다. 때로는 그 응답이 빨라서 기도하는 도중에 응답을 듣게 되기도 할 것이다. 당신이 보낸 편지의 답장을 받는 것보다 더 빠르게 응답받기도 할 것이다. 그러나 만약 그렇지 않다면, 기도하면서 기다려야 한다.

기도를 드리고 위를 바라보며 모든 일을 하나님과 더불어 하고, 기쁨으로 그 일을 행하는 것을 배우라. 그렇지 않으면 우리는 아무 유익도 얻지 못한다. 휘장 안에 들어가서 기도하라는 명령과 격려를 받고서도 바깥 뜰에서 기도해서는 안 된다.

02

정해 놓고 지켜야 할 특별한 시간,
아침

본문에서 이 선한 일을 하기 위해 특별히 정해 놓은 시간은 아침이다. 시편 기자는 아침이라는 것을 특히 강조한다. 그러나 아침에만 하라는 것이 아니라 아침을 기도로 시작하라는 것이다.

아침 시간을 기도하는 시간 중 하나로 삼으라. 구약 시대에는 율법에 따라 아침마다 양을 잡아 제사를 드렸다(출 29:39). 또한 아침마다 제사장이 향을 피웠으며(출 30:7), 매일 아침 주께 감사하며 찬송하는 자들이 있었다(대상 9:33). 에스겔의 성전에서도 아침마다 정해 놓고 제사를 드렸다(겔 46:13-15).

이러한 예들은 아침이 어김없이 오듯이 매일 아침 어김없이 제사장에 의해 영적인 제사가 드려져야 한다는 것을 암시한다. 모든 그리스도인과 모든 가정의 가장은 가족과 함께 매일 아침 은밀한 가운데 기도해야 한다. 그리고 그렇게 해야 할 이유가 충분하다.

1. 첫째이신 분께 드리기 합당한 하루의 첫 시간

따라서 가장 위에 계신 주님이 첫 번째 자리에서, 처음으로 예배를 받으시는 것이 마땅하다. 이방인들도 "무엇을 하든지 신(神)과 더불어 시작하라"고 했다. 세상은 하나님으로부터 시작되었고 우리도 그렇다. 따라서 무슨 일을 시작하든지 그와 함께해야 한다. 태양이 우리의 영혼에 솟아오르자마자 우리 인생의 나날을 하나님께 드리며 그를 예배해야 한다.

아침에 동이 틀 때부터 새벽이슬 같은 청년들이 그리스도 앞에 나가기를 바란다(시 110:3). 첫 열매와 짐승들의 첫 수확은 언제나 주님의 것이었다. 우리는 알파와 오메가이시며 처음과 나중이신 주님께 아침과 저녁 기도를 통해 영광을 돌리며, 그와 더불어 하루를 시작하고 마무리해야 한다. 그는 시작이자 끝이시고 처음이자 나중이시기 때문이다.

지혜자는 "나를 간절히(early) 찾는 자가 나를 만날 것이니라"(잠 8:17)라고 말했다. 즉 인생의 젊은 시절부터, 그리고 아침 일찍부터 하나님을 찾는 자가 그를 만나리라는 것이다. 이는 하나님이 마땅히 받으셔야 할 것, 무엇보다도 좋은 것을 가장 먼저 드릴 수 있기 때문이다. 또 우리가 그를 기쁘시게 하는 일과 그에게 인정받는 일에 가장 관심을 기울이고 있으며, 주님을 진실하게 구하고 있음을 나타내기 때문이다.

성경에서도 진지하게 해야 할 일은 아침 일찍 하라고 말한다(시 101:8). 부지런한 사람은 아침 일찍 일어난다. 다윗은 "하나님이여 주는 나의 하나님이시라 내가 간절히 주를 찾되"(시 63:1)라고 말하면서 온 마음과 정성으로 주께 헌신을 표현했다.

2. 신선하고 생동감이 있는 최상의 시간

아침은 우리 영혼이 밤의 수면과 휴식으로 활기를 되찾고 새로운 삶을 시작하는 때이며, 전날의 피곤함이 씻어진 시간이다. 이스라엘의 하나님은 졸지도 주무시지도 않지만, 그의 백성들을 위해 평소보다 큰 일을 하실 때는 자다가 깨어나신 것처럼 표현되기도 한다.

> "그때에 주께서 잠에서 깨어난 것처럼, 포도주를 마시고 고함치는 용사처럼 일어나사"(시 78:65).

우리가 어떤 일이든 훌륭히 해내게 되는 때는 아침이다. 아침이 시적 영감을 얻는 데 최상의 시간이라면, 은혜를 얻는 데도 최상의 시간이 되리라는 것은 의심의 여지가 없다. 모든 것의 처음이신 주님이 처음의 것을 받으셔야 하며, 으뜸이신 주님이 으뜸의 것을 받으셔야 한다. 그리고 어떤 일을 하기에 가장 적합한 최상의 시간에 우리는 가장 필요한 일을 해야 한다.

하나님을 경배하는 일은 우리 영혼이 최상의 상태에 있을 때 최고의 능력을 들여서 해야 하는 일이다. 거기에는 그럴만한 충분한 가치가 있다. 어떻게 그보다 더 잘 사용하며 더 좋은 결과를 낳을 수 있겠는가? 다윗은 내 안에 있는 모든 것으로 주의 거룩하신 이름을 찬양한다고 말했으며, 그 모든 것으로도 충분치 않다고 했다.

그러므로 하나님께 영광을 돌릴 만한 은사가 우리에게 있다면, 그것을 "다시 불일 듯하게 하기"(딤후 1:6)에 가장 적당한 때는 아침이다. 즉 우리의 영혼이 신선해지고 새로운 힘을 얻는 때다. "내 영광아 깰지어다 비파야, 수금아, 깰지어다 내가 새벽을 깨우리로다"(시 57:8)라는 말씀처럼 하나님을 붙잡도록 자신을 일깨우자.

3. 조용하고 한적한 시간을 갖기에 가장 적합한 시간

"게으른 자여 네가 어느 때까지 누워 있겠느냐 네가 어느 때에 잠이 깨어 일어나겠느냐"(잠 6:9)라고 지혜자는 말한다. 해야 할 일이 생길 때까지 잠이 덜 깬 상태로 이불 속에서 뒹구는 게으름뱅이가 아니라면, 아침에 시간을 갖는 것이 지혜다. 세상에서 해야 할 일이 많고 하루 중 1분도 아쉬운 사람이라면, 일이 몰려들기 전에 자신의 믿음을 위해 아침에 시간을 가져야 한다. 그래야만 우리는 해야 할 일을 온전히, 그리고 더욱 몰두해서 할 수 있다.

하나님께 드리는 경배는 내적으로 무감각하거나 둔감하지 않을 때, 그리고 외적으로 주의가 산만하거나 분주하지 않을 때 드려야 한다. 사도 바울은 "흐트러짐이 없이 주를 섬기게 하려 함이라"(고전 7:35)라고 말하면서 이 일에 우리가 얼마나 주의를 기울여야 하는지를 암시한다. 따라서 7일 중의 하루, 즉 한 주일의 첫 번째 날인 주일의 아침은 거룩한 일을 위해 예정되어 있으며, 다른 모든 일을 하지 않고 쉬는 날이다.

아브라함은 하나님을 섬기러 산 위에 올라갈 때 모든 것을 산 아래에 남겨 두고 떠났다. 그러므로 이생의 문제에 휘말려 들기 전에, 아침 일찍 하나님과 대화를 나누며 다른 차원의 생에 관심을 가지라. 예수님은 우리에게 친히 그 본보기를 보여 주셨다. 그분의 생애는 전적으로 하나님과 인간의 영혼을 위한 일들로 가득 차 있었기 때문에 날이 밝기 전, 무리가 모여들기 훨씬 전에 일어나서 한적한 곳에 가서 기도하셨다(막 1:35).

4. 새로운 자비를 받아 하나님을 찬양하기에 적합한 시간

주님은 끊임없이 우리에게 선을 행하시며 복을 채워 주신다. 매일 우리가 하나님을 찬양해야 하는 이유가 있다. 하나님이 날마다, 특히 아침에 우리에게 복을 주시기 때문이다. 주님은 아침마다 새로운 그의 은총의 열매들을 우리에게 부어 주신다(애 3:23). 우리가 어제와 똑같은 아침을 맞을지라도, 그 은총의 열매는 또다시 필요하며 그래서 늘 새롭다고 할 수 있다. 그러므로 우리는 언제나 감사와 경건함과 진정한 사랑을 표현하기 위해 그에게 나아가야 하며, 제단 위의 불처럼 아침마다 새롭게 피워야 한다(레 6:12).

당신이 만약 편안하게 하룻밤을 지냈다면 그것에 감사하기 위해 은혜의 보좌 앞에 나아가야 하지 않겠는가? 당신이 지난 밤을 편안하게 보내는 데 얼마나 많은 자비가 베풀어졌겠는가? 어떤 사람들에게는 허락되지 않았을 은혜가 우리에게는 허락되었다. 자신의 머리 둘 곳도 없는 사람이 많다. 우리 주님도 "여우도 굴이 있고 공중의 새도 거처가 있으되 인자는 머리 둘 곳이 없다"(마 8:20)고 하셨다.

그러나 우리는 거할 집이 있고 조용하고 평화로운 거처가 있다. 어쩌면 대궐같이 좋은 집이 있을지도 모른다. 그리고 따뜻하고 안락한 멋진 침대, 들어가 누우면 마치 시온에 있는 것처럼 편안한 멋진 침대가 있을 것이다.

하지만 하나님을 잘 섬기는 어떤 성도들은 세상에서는 귀중히 여김을 받지 못해서 사막이나 산 혹은 동굴 속에서 방황하며 지내기도 한다. 비록 누울 수 있는 침대가 있다 해도 질병이나 원수의 두려움 때문에 밤을 지새우느라 편히 누울 수 없는 사람도 많다. 그러나 우리는 자리에 누울 수 있고 우리를 두렵게 하는 자도 없으며, 창이나 칼의 위협 또는 전쟁과 핍박의 두려움도 없다.

또한 자리에 누울 수는 있지만 마음의 고민과 몸의 고통으로 인해 새벽까지 뒤척이며 잠을 이룰 수 없는 사람도 많다. 그들은 근심 어린 마음에 뜬눈으로 밤을 지새운다. 그러나 우리는 자리에 누워서 아무 방해도 받지 않고 잠을 잔다. 우리의 잠은 달고 피로를 풀어주며, 고민과 수고 사이에서 쾌적한 안식이 된다. 우리에게 이러한 잠을 주신 분은 하나님이시다. 하나님은 사랑하는 자에게 잠을 주시듯이 우리에게 잠을 주신다.

자리에 누워 잠이 들었다가 영원히 깨어나지 못하고 죽음의 잠으로 들어가 침상이 무덤이 되는 사람들도 있다. 그러나 우리는 누워서 잠을 자고 다시 깨어났으며 쉼을 얻고 새롭게 되었다. 우리가 여느 때처럼 누워 자고 깨어나는 것은 여호와께서 우리를 붙드셨기 때문이다(시 3:5). 만일 그가 우리를 붙들지 않으신다면 우리는 잠들었다가 다시 깨어나지 못할 것이다.

상쾌한 아침을 맞이했는가? 아침 햇살이 기쁘게 느껴지는가? 그렇다면 우리의 눈을 뜨게 하시고, 아침을 맞게 해 주신 주님께 의무를 다해야 하지 않겠는가?

우리에게는 아침에 입을 따뜻한 의복이 있으며(욥 37:17), 필요해서라기보다는 치장을 위해서 옷을 입는다. 우리는 그 모든 것들을 하나님으로부터 받았다. 의복은 우리의 벌거벗은 것을 가릴 수 있도록 그가 주신 털실과 천이며, 모두 하나님의 것이다. 그러므로 옷을 입고 난 그 아침은 우리가 하나님께 감사하기에 적당한 시간이다. 이처럼 많은 이유가 있음에도 불구하고, 우리가 매일 식탁에 앉아 식사하는 것처럼 하나님께 지속적인 감사를 드리고 있는지 의심스럽다.

당신은 건강하고 평안한가? 오랫동안 그렇지 않았는가? 얼마나 많은 사람이 병들어 있고 고통받고 있는지를 생각해 보라. 그런 다음 당신이 과연 건강과 평안을 받을 자격이 얼마나 있는가를 생각해 보라. 그러므로 특별한 은혜에 대해서만이 아니라, 평상시에 끊임없이 베풀어 주시는 주님의 은혜에도 감사를 드려야 한다.

화재나 도난으로부터 우리를 보호하시며, 우리가 알고 있는 위험이나 보이지 않는 많은 위험에서 우리 자신과 가족들을 보호해 주신 주님의 특별하신 은혜를 경험한 적이 있을지도 모른다. 밤에는 울음이 계속되다가 아침에는 기쁨이 찾아와서 하나님의 선하심을 맛보라고 큰소리로 외쳤을지도 모른다. 파괴하는 천사가 밤중에 날아다니며 흑암 속에서 다른 집 창문에 화살을 쏘았지만, 우리 집은 그냥 지나쳐 넘어갔을지도 모른다. 그러므로 문설주에 뿌려진 언약의 피에 대해 하나님께 감사를 드려야 한다.

캄캄한 어둠을 조성하여 먹이를 찾는 짐승처럼 살금살금 다가오는 이 세상 어둠의 통치자들과 우리를 대적하는 악한 천사들의 원한에서 우리를 보호해 주시는 하나님께 감사해야 한다. 또한 우리 주위에서 은혜를 베푸시는 착한 천사들의 사역에도 감사해야 한다. 모든 영광을 천사들의 하나님께 돌리라.

5. 하나님의 위대하심과 영광을 경배하게 하는 신선한 그 무엇이 있는 시간

그러나 위로와 유익을 주는 하나님의 선물에만 관심을 갖는다면 이는 좁은 소견이다. 주님께는 영광이 되고 전 인류에게 유익이 되는 그의 섭리 가운데서 주님의 지혜와 권능에 대한 더 일반적인 사례들을 관찰해야 한다.

시편 19편은 '아침의 묵상'이었던 것으로 보인다. 거기서 우리는 "하늘이 하나님의 영광을 선포하고 궁창이 그의 손으로 하신 일을 나타내는"(시 19:1) 것을 볼 수 있다. 그 빛과 권세로부터 우리는 유익을 얻는다. 그리고 하늘에 장막을 베푸시고 기둥을 세우시며 운행하는 법을 정하신 여호와께 그들이 드리는 영광을 보게 된다. 그들은 모두 하나님의 종이기 때문에 오늘에 이르기까지 그 길을 따라 계속 운행하고 있다.

날은 날에게 이 사실을 선포하고 밤은 밤에게 이 지식을 전한다(시 19:2). 심지어 천지를 지으신 위대한 창조자이시며 그것을 다스리시는 분의 영원하신 능력과 신성도 드러낸다. 원래의 언약에 따라 빛과 어둠은 규칙적이고 지속적으로 회전하면서 교대로 다스리고 있다. 이것은 창조의 역사를 말해 주는 신성한 계시, 하나님이 노아와 그의 아들들에게 주신 약속(창 8:22), 낮과 밤에 대한 그의 언약(렘 33:20)을 믿는 우리의 믿음을 확고하게 해 준다.

새벽이 얼마나 정확하게 그 처소와 시간을 지키며, 아침 햇살이 어떻게 땅끝과 하늘을 비추는지, 그리고 그 빛을 받자마자 땅이 어떻게 변화하여 진흙에 인친 것같이 되는지를 바라보라(욥 38:12-14). 나는 최근에 어느 훌륭한 목사님이 이렇게 표현하시는 것을 듣고 매우 기뻤다.

"태양은 나처럼 비천하고 죄 많은 자에게 아침 햇살을 비춰 주기 위해 수천 마일을 여행했다."

하늘을 바라보라. 무한한 기쁨을 안고 그의 방에서 나오는 성장한 신랑과 같고, 경주하기를 기뻐하는 장사와 같은 태양을 바라보라(시 19:5). 그 빛이 얼마나 밝고 그 미소는 얼마나 감미로우며 그의 세력은 얼마나 강한지를 살펴보라.

하나님의 영광을 선포하는 설교자와 같은 불멸의 자연이 들려주는 소리가 들리지 않는 적이 없다. 이 설교자들의 소리에 메아리로 화답하는 경배자들, 아침과 저녁을 만드신 주님께 영광을 돌리는 그 경배자들의 소리가 들리지 않는다면 유감스러운 일이다. 그러나 다른 사람들이 무엇을 하든지 우리는 아침마다 주님께 기도와 찬송을 드리자.

6. 새로운 생각으로 하나님을 묵상하며 기도하기에 적합한 시간

다윗이 본을 보인 것처럼 우리는 침상에서 주님을 기억하며 새벽에 주의 말씀을 묵상(시 63:6)하는가? 다윗이 그랬던 것처럼 아침에 깨어났을 때 여전히 하나님과 함께 있다고 말할 수 있는가?

그렇다면 은혜의 보좌에 나아가 우리 마음의 묵상을 입술의 말로 하나님께 드려야 한다. 그것은 주님께 드리는 향기로운 제사가 된다. 마음에서부터 좋은 말이 우러나오면, 당신의 혀를 왕 앞에 쏟아 놓는 서기관의 붓끝과 같게 하라(시 45:1).

우리에게는 하나님의 말씀이 있으며, 그것으로 하나님과 대화를 나눌 수 있다. 따라서 우리는 매일 아침 성경을 읽어야 한다. 하나님은 성경을 통해 우리에게 말씀하시므로 밤낮으로 그 말씀을 묵상해야 한다. 그러면 그 말씀이 우리를 은혜의 보좌로 인도하여 그곳에서 우리에게 좋은 것들을 채워 줄 것이다.

7. 지난밤에 품었던 죄와 헛된 생각을 반성하기에 적합한 시간

우리는 죄와 헛된 생각을 반성하고 용서받기 위해 아침에 하나님께 기도해야 한다. 주기도문에 "오늘 우리에게 일용할 양식을 주옵시고"(마 6:11)라는 구절이 있다. 이것으로 볼 때 주기도문은 주로 아침에 기도하도록 고안되었던 것 같다.

또 그다음 구절은 "우리 죄를 사하여 주시옵고"(마 6:12)라고 한다. 우리가 분주하게 하루를 지내다 보면 일관성이 없는 말과 행실로 죄를 짓는 것처럼, 우리는 밤의 적막 속에서도 부패한 생각과 절제되지 못한 환상 속을 방황하며 죄를 짓는다. 미련한 자의 생각이 죄가 된다는 것은 분명하다(잠 24:9). 미련한 생각은 곧 악한 생각이며 모든 죄의 시작이기 때문이다.

우리가 사는 곳에는 어디든지 너무나 많은 헛된 생각들이 숨어 있다. 그 수가 많으므로 그 이름을 '군대'라고 한다. 누가 이 잘못들을 이해할 수 있겠는가? 그것들은 우리의 머리카락 수보다 더 많다. 우리는 "침상에서 죄를 꾀하며 악을 꾸미고 날이 밝으면… 그것을 행하는 자"(미 2:1)들을 보곤 한다. 그들은 밤이 되면 의심하고 염려하는 수많은 생각으로 마음이 불안해지고 미혹되곤 한다. 부정하고 음란한 생각들로 오염되고, 솟구치는 교만한 생각에 도취하는 등, 수많은 무례한 생각으로 경건한 생각이 침해당한다.

우리와 함께 눕고 함께 일어나는 악한 생각들은 우리의 마음에서부터 나온다. 우리가 어디를 가든지 따라다니는 이 부패한 샘에서 이런 부패한 샘물이 자연적으로 흘러나온다. 많은 말뿐만 아니라 많은 꿈 가운데도 허다한 허영이 담겨 있다(전 5:3).

매일 밤낮으로 회개할 일을 저지르는 우리가 그것을 새롭게 하기 전에 집 밖으로 나갈 수 있겠는가? 우리의 마음이 쉽게 방황하며, 반항과 고집으로 불평하고 타락하기 쉽다는 것을 아시는 주님께 자백해야 하지 않겠는가? 그리스도의 보혈로 말미암아 평화를 누리고, 우리 마음의 생각을 용서받을 수 있도록 기도하는 일에 힘쓰지 않겠는가? 자백하여 용서받지 않은 죄를 안고서는 하루의 일과를 안전하게 시작할 수 없다.

8. 그날의 모든 일에 하나님이 함께해 주시고 복 주시기를 간구하기에 적합한 시간

우리는 하나님께 우리의 잘못을 용서해 주시는 자비를 구할 뿐만 아니라, 도움이 필요할 때마다 은혜를 구하기 위해서도 은혜의 보좌 앞에 담대히 나아갈 수 있다. 우리에게 주님이 필요하지 않은 때가 있겠는가? 그러므로 기도하지 않고 지나칠 수 있는 아침이 어디 있겠는가?

우리가 매일 기도해야 하는 의무를 성경에서도 찾아볼 수 있다. "번제를 매일 정수대로 날마다 드리고"(스 3:4). 우리는 주님이 우리에게 자비롭게 섭리해 주실 것과 성령님이 은혜롭게 역사해 주실 것을 기도하기 위해 매일 아침 하나님께 나아가야 한다.

우리에게는 부양해야 할 가족이 있으며, 그들이 잘되기를 바라는 마음이 있다. 그러므로 매일 아침 기도로 그들을 하나님께 부탁하며, 그들이 하나님의 은혜 아래 있게 하라. 이것이 그들을 주님의 보호하심과 돌보심 가운데 두는 효과적인 방법이다. 경건한 욥은 자녀들을 위해 번제를 드리려고 "아침에 일어나서 그들의 명수대로"(욥 1:5) 번제를 드렸다. 우리도 아침 일찍 일어나서 가족 한 사람 한 사람을 위해 기도와 간구를 드리며 주님이 주시는 복이 우리 가정 위에 머물도록 해야 한다.

생업을 위해 일하러 나가려고 할 때도 먼저 하나님을 바라보고 그 일을 잘 해낼 수 있도록 지혜와 은혜를 구하자. 하나님을 두려워하고, 하나님 안에 거하며 그 일들을 행하자. 그 일이 번창하고 성공하도록 주님이 필요한 힘을 공급하시고 피곤할 때 붙들어 주시기를 구하며, 어떤 일을 계획할 때에 인도하시고 좋은 결과를 얻게 해 주시기를 믿음으로 기도하자. 여행할 때는 하나님이 우리와 함께하실 것을 바라자. 그리고 만약 하나님께 함께해 달라고 기도할 수 없는 곳이라면 가지 말자.

일이 잘되어 가는 좋은 기회가 보이면 우리 손에 있는 기술, 의지, 용기를 잘 활용해서 그것을 발전시킬 수 있도록 하나님께 기도해야 한다. 그래야만 어리석게 행하지 않을 수 있다. 유혹은 우리를 매일같이 뒤따른다. 어떤 것들은 미리 예견할 수도 있겠지만 생각지도 못했던 것이 더 많을 것이다. 그러므로 어떠한 유혹에도 끌려가지 않고 모든 것에서 보호받도록 하나님과 함께하는 데 열심을 품어야 한다. 그러면 어떤 일터에 들어가더라도 선을 행하고 해를 끼치지 않으며, 또 해를 받지 않는 지혜를 얻을 수 있다.

우리는 내일이 어떤 하루가 될지, 무슨 소식을 듣게 될지, 밤이 되기 전에 어떤 일이 일어날지 전혀 알지 못한다. 따라서 우리가 미리 알 수 있는 것뿐만 아니라 알 수 없는 일들과 어려움도 은혜로 감당할 수 있도록 하나님께 간구해야 한다. 하나님의 뜻에 온전하게 서기 위하여 날마다 주의 능력을 힘입어야 한다. 그날의 걱정은 그날로 충분하다. 내일 일을 걱정하는 것이 어리석은 것처럼, 오늘은 오늘 일을 생각하는 것이 현명하다. 그리고 그 오늘의 일이란, 모든 선한 말과 선한 일을 위해 온전히 우리에게 채워 주시며, 모든 악한 말과 악한 일에 대항하여 우리를 온전히 강하게 하시는 주님의 은혜를 공급받는 일이다.

그러면 밤에 생각하거나 말하거나 행하고 싶지 않은 것들을 하루 종일 생각하지도 말하지도 행하지도 않게 될 것이다.

적용

아침에 기도를 빠뜨리지 않는 방법

1. 태만은 죄이며 심판을 받아야 한다는 말을
   마음속에 새겨 두라

우리는 아침에 성경 읽고 기도하는 시간, 즉 아침 경건의 시간을 게을리하거나 소홀히 하는 경우가 얼마나 많은가? 전혀 하지 않거나, 한다고 해도 거짓되게 행하곤 한다. 제사를 드리지 않거나 혹 드린다 해도 상처 난 것, 절름발이인 것, 병든 것을 드린다. 기도 역시 전혀 하지 않거나, 한다고 해도 올바르게 하나님을 우러러 드리는 기도를 하지 않는다.

주님은 아침마다 우리에게 자비를 베푸시며, 우리의 아버지로서 사랑과 관심을 표하는 데 인색하지 않으셨다. 그러나 우리는 아침에 제사도 드리지 않았고, 부끄럽게도 그의 자녀로서 해야 할 바를 하지 못했다.

오늘 아침 진정한 겸손의 마음으로 하나님 앞에 나아가자. 그

동안 하나님의 영광을 가로채며 아침 경건의 시간을 통해 얻을 수 있는 유익을 잃어버린 우리의 어리석음과 죄를 회개하자. 하나님은 그러한 열매를 찾으시며 우리의 골방에 오셨지만 아무것도 발견하지 못하셨다. 주님께 전혀 기도하고 있지 않거나 올바르게 기도하지 못하는 모습만 발견하셨을 뿐이다. 사소한 것들을 핑계 삼아 아침 경건의 시간을 제쳐두면 양심에 상처를 입게 되고, 뼈가 쇠잔해지며, 점점 더 냉담해진다. 그러다가 좋은 구실이 없을 때는 경건의 시간 갖기를 완전히 그만두게 될지도 모른다.

2. 아침 경건의 시간에 대한 권고의 말을 간직하라

은밀한 가운데 계속해서 신실하게 예배하는 것은 우리의 영혼이 잘되는 데 정말 큰 영향을 끼친다. 이것이 얼마나 중요한지 알기 때문에 진지하게 이 사실을 강조하는 것이다. 매일 아침 하나님이 당신의 목소리를 들으실 수 있도록 기도하고 그를 바라보라.

지속적으로 아침 경건의 시간을 지키라

믿음의 조상들이 행한 전통적인 관습이기 때문만이 아니다. 당신이 주께 받은 계명과 관련된 의무이기에 아침 경건의 시간을 지속해야 한다. 이를 위해 정해 놓은 시간을 지키고 그 시간에 충실하라. 이제까지 은밀하게 기도하는 일에 전혀 무관심한 상태로 살았거나 종종 소홀했다면, 지금부터는 이것을 당신의 어떤 일과보다 중요한 필수적인 일과로 여기고 매일의 편안함 중 가장 즐거운 시간으로 여기라. 끊임없이 주의를 기울이며 기쁨을 가지고 이것을 행해야 한다.

이성을 가진 사람이라면 아무도 이 의무를 면하려고 핑계할 수 없다. 기도하라고 주신 말씀은 모든 사람에게 해당되는 것이다. 기도하고, 기도하고, 계속 기도하며 깨어 있으라.

부자들은 가난한 사람들처럼 그들의 손이 일에 얽매여 있지 않으며, 가난한 사람들은 부자들처럼 자선금을 많이 내지는 않는다. 그러나 부자든 가난한 사람이든 기도는 다 같이 해야 한다. 부자라고 해서 당연히 해야 할 이 일을 지나칠 수 없으며, 가난한 사람들이라고 해서 그들의 기도가 하나님께 상달되지 못하는 것이 아니다. 아무리 연소한 사람이라도 기도를 시작하기에 이르지 않으며, 아무리 고령의 사람일지라도 기도를 멈추어서는 안 된다. 만약 그들이 더 이상 기도할 일이 없다고 생각한다면, 그들은 말년에 어리석은 사람이 될 것이다.

아무도 기도할 수 없다고 변론하지 말라. 굶주려서 멸망하게 되었다면 먹을 것을 위해 기도하고, 죄로 말미암아 파멸하게 되었다면 자비와 은총을 베풀어 달라고 기도할 수 있지 않은가? 당신이 그리스도인인가? 그렇다면 기도할 수 없다는 부끄러운 말을 하지 말라. 이는 군인이 무기를, 목수가 도끼를 다룰 줄 모른다고 말하는 것처럼 어리석은 일이다. 우리가 그리스도와 교제하도록 부르심을 입은 것은 그분을 통해 하나님과 교제하기 위해서다. 당신이 다른 사람들처럼 기도를 잘할 수 없다면, 할 수 있는 만큼만 하라. 그러면 하나님이 그 기도를 들으실 것이다.

아침에 기도할 시간이 없다고 변명하지 말라. 장담하건대, 그 사람은 분명히 더 중요하지 않은 일을 위해서는 시간을 내고 있을 것이다. 기도하는 시간보다 잠자는 시간을 더 바라는 사람이 어떻게 자신의 만족과 유익을 위해 시간을 더 잘 사용할 수 있겠는가? 하루의 모든 일과는 하나님과 더불어 시작할 때 더 순조롭게 이루어질 것이다.

기도하기에 적합한 은밀한 장소가 없다고 변명하지 말라. 이

삭은 기도하기 위해 들판으로 나갔으며, 시편 기자는 지붕 꼭대기의 한쪽 구석에서도 하나님과 함께했다. 당신이 원하는 만큼 은밀한 중에 기도할 수 없다고 해도, 지금 있는 그 상태에서 기도하라. 사람들에게 과시하려고 일부러 남들이 보는 데서 기도하는 것은 나쁘지만, 어쩔 수 없는 경우에 그렇게 하는 것은 잘못이 아니다.

젊은 시절, 런던으로 여행을 가는 길에 우연히 한 신사와 동행했던 일이 기억난다. 그는 자신이 로마 가톨릭 신자라고 말하는 것을 꺼리지 않았다. 나는 그와 함께 가는 동안 많은 논쟁을 했는데 그중에 이런 것이 있었다.

그는 가톨릭에서는 어느 때나 사람들이 와서 기도할 수 있도록 성당 문을 늘 열어 놓는다고 자랑했다. 나는 그에게 말했다. "그것은 바리새인들이 사람에게 보이려고 회당에서 기도하는 것과 같지 않습니까? 기도할 때 골방에 들어가 은밀한 중에 기도하라고 하신 주님의 가르치심에 어긋납니다." 그러자 그는 격분해서 말했다. "당신네 개신교인들은 아무 곳에서도 기도하지 않는다는 것을 나는 알고 있습니다!"

그는 자신이 개신교인들과 함께 여행한 적이 많았고, 때로는 그들과 함께 여관방에서 지내기도 했다고 말했다. 그런데 그들을 주의 깊게 관찰해 봤지만, 밤이든 아침이든 기도하는 사람은 장로교인이었던 단 한 사람 외에는 보지 못했다고 한다.

그가 이야기한 것이 사실이 아니라 악의로 지어낸 말이었으면 좋겠다. 그러나 나는 이러한 사례를 통해, 우리가 때로 은밀한 곳에 있지 못하더라도 아침에 주님의 말씀을 보며 기도하는 일을 빠뜨리고 넘어가서는 안 된다는 것을 말하고 싶다. 아침 경건의 시간을 빠뜨리고 지나치는 것은 죄일 뿐만 아니라, 불명예스러운 일이다.

부지런히 열심을 품고 주를 섬기는 마음으로 아침 경건의 시간을 가지라

형식에 치우치지 않도록 하며, 예배할 때 관습적으로 드리지 않도록 주의하고 진지하게 임하라. 단순히 기도한다는 것만으로는 불충분하다. 하나님과 마음을 함께해야 한다. 엘리야가 기도했던 것처럼 간절히 기도하라(약 5:17). 또 에바브라가 기도했던 것처럼 항상 애써서 기도하는 것을 배우라(골 4:12). 그러면 우리를 부요하게 하는 것이 바로 이처럼 부지런히 기도하는 손이라는 것을 깨닫게 될 것이다.

하나님은 당신이 얼마나 길게 기도하는가에 관심을 두지 않으신다. 또 유창하게 많은 말을 한다고 해서 기도를 들어주시는 것도 아니다. 하나님이 요구하시는 것은 마음에서 우러나오는 진실이다. 주님께 기쁨이 되는 것은 정직한 자들의 기도다.

하나님을 섬기고 의지하면서 기도한다면, 아침 경건의 시간을 통해 얻는 위로와 복이 더 이상 지나가는 아침 구름이 아니라 점점 더 밝게 비치는 아침 햇살과 같을 것이다.

Part 2.

온종일 기도하며 하나님을 기다리라

"내가 종일 주를 기다리나이다"(시 25:5).

과연 이 말씀처럼 말할 수 있는 사람이 우리 중에 있는가? 하나님을 바라는 일은 우리가 꼭 해야 할 일이고 우리에게 많은 복을 가져다주는 일이지만, 이렇게 온종일 하나님과 교제하는 생활을 하는 사람이 얼마나 있는가? 우리는 그 당시 성도들보다 그리스도를 밝히 알아 하나님을 대면하기 훨씬 더 좋은 상황이 아닌가? 그런데도 우리는 다윗과 같은 경건한 삶과 얼마나 멀리 떨어져 있는가?

그러나 신실하지만 연약한 그리스도인들이여, 절망하지 말라. 다윗도 그가 여기서 말한 것과 같은 상태를 항상 유지할 수 있었던 것은 아니다. 다윗에게도 약점이 있었다. 하지만 그는 하나님의 마음을 본받은 사람이었다.

우리에게도 약점이 있다. 그러나 그 약점을 진정으로 슬퍼하고 대항해서 싸우며, 우리의 영혼이 언제나 하나님과 하늘을 향한다면, 우리는 그리스도를 통해 용납될 것이다. 우리는 율법 아래 있지 않고 은혜 아래 있기 때문이다.

본문에서 다윗의 고백은 우리가 해야 할 일, 즉 우리가 온종일 하나님을 기다려야 한다는 것을 가르쳐 준다. 그것은 참을성 있는 기다림과 끊임없는 기다림, 이 두 가지를 의미한다.

참을성 있는 기다림

우리는 주님이 자비를 베푸시기 위해 우리에게 오실 것을 참을성 있게 기다려야 한다. 그리고 '종일'을 비유적으로도 받아들여야 한다. '종일'은 간절히 바라는 자비가 지연되는 모든 시간을 말하기 때문이다.

다윗은 시편 25편 5절 앞부분에서 "주의 진리로 나를 지도하시고 교훈하소서"라고 주님의 지도와 교훈을 위해 기도했다. 가야 할 바를 알지 못했던 그는 하나님이 그가 어떻게 하기를 원하시는지 간절히 알기 원했고 기꺼이 그렇게 할 준비가 되어 있었다. 그러나 하나님은 그를 정해지지 않은 긴장감 가운데 두셨다. 하나님의 마음과 뜻이 무엇이며 어느 방향으로 키를 돌려야 하는지, 어떻게 처신해야 하는지 분명히 알 수 없게 하셨다. 그렇다고 그가 주님의 인도하심을 받지 않고 일을 처리했는가? 아니다.

아브라함은 그의 자손에 대한 질문의 답을 하나님께 듣기 위해 아침부터 해질 때까지 제사를 드렸다(창 15:5, 12). 또 하박국은 주님의 묵시를 알고자 할 때, 하나님이 그의 질문에 어떻게 응답하실지 보기 위해 성루에 서 있었다(합 2:1). 이들처럼 다윗도 "내가 종일 주를 기다리나이다"라고 한 것이다. 이러한 기도는 혹 속히 응답을 받지 못할 지라도 결국엔 반드시 응답받을 것이다.

다윗은 본문 바로 앞에서 하나님을 "내 구원의 하나님"(5절)이라고 불렀다. 이는 일시적인 구원과 영원한 구원 모두를 위해 의지하는 하나님을 의미한다. 그의 고난과 마음속의 많은 근심에서 구원하실 하나님(17절), 그를 이겨 개가를 부르려고 하는 자들에게서 구원하실 하나님(2절), 수많은 원수의 손에서 구원하실 하나님(19절)을 부른 것이다. 야곱이 임종을 앞두고 "여호와여 나는 주의 구원을 기다리나이다"(창 49:18)라고 고백한 것처럼, 다윗은 하나님이 구주가 되어 주실 것을 바라며, 온종일 주를 바라보기로 했다.

때때로 하나님은 그의 백성이 부르짖기 전에 선하신 복으로 그들을 지켜 주신다. 그들의 성 중에 거하시며 새벽에 그들을 도우신다(시 46:5). 그러나 어떤 때는 주님이 멀리 서 계신 것처럼 보인다. 주님이 구원하는 일을 늦추시고 오래도록 기다리게 하시며 불안하게 하신다. 빛은 선명하지도 어둡지도 않고 그저 희미할 뿐이다. 즉 날은 흐리고 어두우며, 그들이 종일 기다리고 있는 위로는 저녁까지 오지 않을 것이다. 아니, 아마도 깊은 밤이 되도록 오지 않을 지도 모른다. 한밤중이 되어서야 "보라 신랑이 오신다!"라고 외치게 될 것이다.

교회가 고통에서 구원받고, 투쟁에서 승리하여 쉼을 얻으며, 사악한 자들의 채찍에서 구출되도록 우리는 인내하며 기도해야 한다. 하나님이 교회를 향해 약속하신 모든 것이 이루어지도록 믿음으로 끊임없이 겸손하게 하나님을 기다려야 한다. 우리는 종일 기다려야 한다.

비록 그날이 길더라도 기다려야 한다

우리가 셀 수 없을 만큼 오랫동안 기다렸다고 할지라도, 더 기다려야 할 수 있다. 선지자 엘리야가 사환에게 일곱 번까지 다시 가 보라고 했던 것처럼, 자비를 베풀어 주실 징조가 보일 때까지 기다려야 할지도 모른다(왕상 18:43).

우리는 이스라엘을 구했어야 할 자도 실의에 빠졌던 것을 볼 수 있다.

"추수할 때가 지나고 여름이 다하였으나 우리는 구원을 얻지 못한다 하는도다"(렘 8:20).

시간은 연장되고 기회는 영영 사라져 버렸다. 우리의 기도와 고통과 인내의 열매를 거두어야 한다고 생각한 추수의 시기는 지나갔고 구원받을 길이 멀어졌다. 기럇여아림에 언약궤가 머물러 있었던 기간은 예상했던 것보다 훨씬 더 길었다. 언약궤가 처음에 거기 머물러 있던 기간은 20년이나 되었다. 그래서 이스라엘의 온 족속이 여호와를 사모하며 탄식했고, 그 어두운 곳에 영원히 있게 될까 봐 두려워했다(삼상 7:2).

그러나 하루가 아무리 길다고 해도 단지 하루일 뿐이며, 그날은 여호와가 아신다(슥 14:7). 우리가 기다리는 동안에는 그 시간이 오래인 것 같지만, 마침내 기쁜 소식이 오면 그것은 오로지 아주 짧은 한순간으로 생각될 수 있다. 그 시간은 하나님이 예정해 놓으신 기간 이상으로 길지 않을 것이다. 그리고 그의 때가 가장 좋은 때라는 것을 우리는 확신한다. 그의 은총은 기다릴 가치가 있다. 그 시간이 길다고 해도, 오래 인내하던 자가 영원한 구원을 보상받게 될 때는 영원의 시간 중 단지 며칠 기다린 것에 불과할 것이다.

비록 어두컴컴한 날일지라도 종일 주를 기다려야 한다

하나님이 무엇을 하기 원하시는지 기다리는 동안, 우리는 흑암 상태에 놓인다. 그러나 그가 무엇을 하시며 우리가 무엇을 해야 하는지 모른다고 해도, 어둠 속에서 기꺼이 기다리자. 아무런 표적을 찾을 수 없고, 그 기간이 얼마나 길어질지 말해 줄 사람이 없어도, 시간이 얼마나 걸리던지 기다리기로 결심하자. 하나님이 무엇을 하시는지 우리가 지금은 몰라도, 하나님의 신비가 끝난 후에는 알게 될 것이다.

하나님의 다루심에 있어서 가엾은 욥보다 더 깊은 수렁에 빠졌던 사람은 없다.

"내가 앞으로 가도 그가 아니 계시고 뒤로 가도 보이지 아니하며 그가 왼쪽에서 일하시나 내가 만날 수 없고 그가 오른쪽으로 돌이키시나 뵈올 수 없구나"(욥 23:8-9).

욥은 그의 길을 알지 못했다. 그러나 그는 "내가 가는 길을 그가 아시나니 그가 나를 단련하신 후에는 내가 순금같이 되어 나오리라"(욥 23:10)고 고백하며 종일 주를 기다렸다.

그러나 하나님이 단련하는 자로 계시므로 용광로 속의 금이 단련되기에 필요한 시간, 그 이상 있지 않도록 보살피실 것이다. 하나님의 길이 바다에 있어 주의 발자취를 알 수 없을지라도 주의 도는 거룩하시므로 우리는 그를 의지해야 한다(시 77:13, 19). 그가 구름과 어둠으로 둘러싸여 있다고 해도 그의 보좌에는 정의와 심판이 있다.

폭풍이 몰아치는 날일지라도 종일 주를 기다려야 한다

폭풍이 잠잠해지지 않아서 앞으로 나아갈 수도 없고, 오히려 바람이 반대로 불어 우리를 몰아간다고 해도, 거친 태풍에 휘말려 교회가 곧 가라앉을 것처럼 보여도, 우리는 그 폭풍을 인내로 이겨내며 최선을 바라고 기다려야 한다.

그리스도께서 배 안에 계시며, 교회의 일은 그리스도 자신의 일이다. 그는 교회와 결혼하셨다. 그가 교회를 소유하실 것이며, 그의 백성과 함께 같은 배를 타실 것이다. 이 사실은 우리에게 위로를 준다. 그러니 무엇 때문에 두려워하겠는가? 의심하지 말라. 그 배는 안전하게 육지에 도착할 것이다. 지금은 그리스도께서 주무시는 것처럼 보이지만, 제자들의 기도가 그를 깨울 것이며, 그는 바람과 파도를 꾸짖으실 것이다.

떨기나무에 불이 붙었다고 할지라도 하나님이 그 가운데 함께하시면 그것은 타지 않을 것이다. 그뿐만이 아니다. 그리스도는 배 안에 계실 뿐만 아니라 키를 잡고 계신다. 교회에 어떠한 위협이 닥쳐온다 해도 그것은 주 예수님에 의한 것이며, 그가 선을 위해 역사하실 것이다. 조지 허버트(George Herbert)는 이것을 훌륭한 시로 표현했다.

> 은혜로우신 나의 하나님이 들으신다.
> 바람과 파도가 나의 배에 몰아쳐도
> 그가 보호하시며 조종하신다.
> 배가 요동하는 것처럼 보이고
> 폭풍이 승리한 것처럼 기교를 부려도
> 그의 눈은 감으셨다 해도 마음은 닫지 않으셨다.

이것은 오늘날 우리에게도 아주 적합한 비유다. 하나님이 우리에게 무슨 일을 하실지는 알 수 없지만, 하나님은 무한히 지혜롭고 공정한 심판의 하나님이시다. 그러므로 그를 기다리는 자에게는 복이 있다(사 30:18). 하나님은 그의 때에 그의 방법대로 일하실 것이다.

가나안의 경계에 다 왔다고 생각했는데 다시 광야로 몰려나와 있을 때, 우리는 불신하며 불평한다. 그렇지만 하나님은 지혜롭게 역사하셔서 그의 약속을 신실하게 이행하실 것이다. 자신의 백성이 쇠잔해지는 것을 볼 때 그들을 생각하시며 후회하실 것이다. 이러한 모습은 예전에 주님의 성산에서 볼 수 있었으며, 또다시 보게 될 것이다. 그러므로 우리는 계속해서 기다리자. 사람이 여호와의 구원을 바라고 잠잠히 기다림이 좋으니 믿음으로 인내하자(애 3:26).

끊임없는 기다림

하나님을 바라는 것은 의무적으로 끊임없이 주님께 나아가는 것이다.

그러므로 우리는 '종일'을 문자 그대로 이해해야 한다. '종일' 주님을 기다리는 것은 다윗의 습관이었다. 그것은 '매일'과 '온종일', 둘 다를 말한다. 이는 "항상 여호와를 경외하라"(잠 23:17)는 말씀과도 같은 의미다.

**하나님과 함께 하루를 시작하는 것만으로는 충분하지 않다.
매일, 그리고 온종일 주님을 기다려야 한다.**

먼저 다음과 같은 질문을 제시하면서 시작하려고 한다.
1. 하나님을 기다린다는 것은 무엇인가?
2. 우리는 왜 매일같이 온종일 하나님을 기다려야 하는가?

01

하나님을 기다린다는 것의 의미

당신은 아침에 진지하게 기도하는 것이 얼마나 중요한 의무인지에 대해 들었다. 그렇다면, 그렇게만 하면 하루 동안 하나님께 해야 할 일을 다 한 것인가?

아니다. 우리는 아주 친밀한 관계에서 많은 은혜를 입은 분을 기다리는 것처럼 주님을 더욱 기다려야 한다. 하나님을 기다린다는 것은 그를 갈망하며, 그를 기뻐하고 그를 의지하며, 그에게 헌신하는 삶을 사는 것이다.

1. 하나님을 갈망하는 삶

이는 거지가 은혜를 베풀어 줄 사람을 기다리며 도움받기를 간절히 바라는 것처럼 하나님을 바라는 것이다. 베데스다의 연못가 행각에서 병든 사람들이 물이 움직이기를 기다리다가 자신이 먼저 들어가서 낫게 되기를 바라는 것처럼 말이다. 선지자는 "여호와여 주께서 심판하시는 길에서 우리가 주를 기다렸사오며"(사 26:8)라고 말하면서, 솔직하게 자신의 마음을 털어놓는다.

> "여호와여 주께서 심판하시는 길에서 우리가 주를 기다렸사오며 주의 이름을 위하여 또 주를 기억하려고 우리 영혼이 사모하나이다 밤에 내 영혼이 주를 사모하였사온즉 내 중심이 주를 간절히 구하오리니"(사 26:8-9).

우리는 하나님이 주시는 좋은 것만을 사모할 것이 아니라, 하나님 자신과 그의 은총, 사랑, 그의 이름이 우리에게 나타나심을 사모해야 한다. 우리에게 베풀어 주시는 은혜를 사모해야 한다. 우리의 영혼이 주를 갈망하고 그의 은총을 그리워하며, 하나님 곧 살아 계신 하나님을 향해 갈급해 할 때, 이것이 하나님을 기다리는 것이다.

> "내가 주의 아름다움을 볼 수 있다면! 그의 선하심을 맛보며 그의 형상을 닮고, 전폭적으로 그의 뜻을 따를 수 있다면! 하늘과

땅의 그 무엇과도 비교할 수 없는 그분만 사랑할 수 있다면! 그를 더 알고 사랑하며 그에게 더 가까이 가서 합당하게 행할 수 있다면!"

이렇게 거룩한 갈망의 날개 위에서 우리의 영혼은 하나님을 향해 더 높이 날아 올라가며, 천성을 향해 더욱더 앞으로 나아 갈 수 있다.

우리는 아침에 엄숙하게 기도해야 할 뿐 아니라, 기도의 생명이자 영혼인 거룩한 갈망이 제단 위의 불처럼 계속해서 타올라야 한다. 그래서 그 위에 제물을 드릴 준비를 하고 있어야 한다. 우리가 행하는 모든 것으로 주를 섬기고, 우리가 가진 모든 것으로 주를 기쁘시게 하면서, 우리 영혼의 모든 움직임이 하나님을 향해야 한다. "쉬지 말고 기도하라"(살전 5:17)고 하신 명령 속에는 기도를 계속하라는 이러한 의도가 있다.

우리가 하나님께 실제로 말씀드리고 있지 않을 때라도 항상 하나님을 향하는 습관을 가져야 한다. 건강한 사람들이 계속해서 음식을 먹고 있는 것은 아니지만, 항상 자기 몸의 영양분과 만족을 염두에 두는 것처럼 말이다. 우리는 우리의 가장 으뜸 되는 선하신 하나님을 늘 기다리며 그를 향해 나아가야 한다.

2. 하나님을 기뻐하는 삶

하나님을 기다린다는 것은 사랑하는 사람이 연인을 기다리는 것 같은 삶이다. '갈망'이 새가 날개를 펴고 날아가는 것 같은 역동적인 사랑이라면, '기쁨'은 새가 둥지에 앉아 있는 것처럼 안식하는 사랑이다. 우리의 갈망은 여전히 하나님을 향해야 하고 하나님을 더 원해야 하지만, 우리의 기쁨은 하나님 안에 있어야 하며, 하나님보다 더 바라는 것이 있어서는 안 된다. 하나님을 충만하신 분으로 믿으면서 그 안에서 전적으로 만족해야 한다. 하나님이 나의 하나님이시라면 그것으로 충분하다.

당신은 하나님 사랑하기를 기뻐하는가? 그는 자신을 계시하신 바로 그 하나님이시며, 우리를 창조하시고 그의 기쁨으로 여기신 분이다. 언약 안에서 우리에게 유익한 모든 것을 베푸시는 하나님이시다. 이 하나님이 계신다고 생각할 때 기쁨이 있는가? 이것이 하나님을 기다리며 언제나 기쁨으로 주님을 바라는 것이다.

사람은 그가 가진 무언가에 의해 가치를 느끼며 쉼을 얻는다. 그러면 그것이 무엇인가? 하나님인가, 세상인가? 우리는 어디에서 긍지를 얻는가? 무엇을 우리의 자랑거리로 삼고 있는가?

"자기의 재물을 의지하고 부유함을 자랑하는"(시 49:6) 것은 세상 사람들의 특징이다. 그들은 자신의 힘과 권세로 재물을 얻었다고 생각한다.

반면 "종일 하나님을 자랑"(시 44:8)하는 것은 경건한 사람들의 특징이다. 그들은 하나님을 바라볼 때 그들의 영광이자 자랑으로 여기는 것을 바라보듯이 언제나 은밀한 만족에 가득 찬 눈으로 바라본다. 이것이 하나님을 기다리는 것이다.

우리가 기쁘게 여기는 것은 무엇인가? 더없는 만족감으로 껴안고 그 품에 우리의 머리를 두며, 모든 것을 가진 것처럼 포근하게 여기는 것은 무엇인가? 세상 사람들은 그들의 곳간이 곡식으로 가득 차 있을 때 자기 영혼에게 이르기를, "평안히 쉬고 먹고 마시고 즐거워하자"(눅 12:19)라고 한다.

그러나 경건한 사람들은 그의 마음이 하나님과 그리스도의 은혜로 가득 차기까지는 결코 "내 영혼아 여기서 편히 쉬자"라고 말하지 않는다. 은혜로운 영혼은 하나님 안에 거하며 주 안에 있을 때 평안을 느낀다. 그래서 주 안에서 평안히 거하고 그 안에서 영원한 기쁨을 누린다. 세상에서 그를 불안하게 하는 어떤 것을 만나도 하나님 안에서 균형을 잃지 않는다.

3. 자녀가 아버지를 기다리듯 하나님을 의지하는 삶

하나님을 기다린다는 것은 어린아이가 믿고 모든 걱정을 맡길 수 있는 아버지를 기다리는 것처럼, 하나님이 주실 모든 좋은 것들을 기대하는 것이다. 하나님은 우리를 위해 우리 안에 모든 선한 것들을 부여하시는 분이시며 모든 악에서 우리를 보호하시는 분이시기 때문이다.

다윗은 "나의 영혼아 잠잠히 하나님만 바라라 무릇 나의 소망이 그로부터 나오는도다"(시 62:5)라고 말한다. 이는 내가 필요로 하는 것들을 위해 다른 데 소망을 두지 않겠다는 것이다. 모든 것은 하나님이 만들어 놓으신 피조물에 불과하고, 모든 사람의 심판은 주님으로부터 오기 때문이다.

산을 향하여 눈을 들지 않겠는가? 거기서부터 우리의 도움이 오지 않는가? 골짜기를 적시던 이슬이 더 멀리 산꼭대기로부터 흐르지 않는가? 더 높이 올라가 하늘과 구름을 향하여 우리의 눈을 들지 않겠는가? 그들이 스스로 비를 내릴 수 있겠는가? 아니다. 하나님이 하늘의 소리를 듣지 않으시면 그들도 땅의 소리를 듣지 않을 것이다.

그러므로 우리는 산 너머를 쳐다보아야 하며 하늘 위를 바라보아야 한다. 우리의 도움은 주님으로부터 오기 때문이다. 한 왕은 "여호와께서 너를 돕지 아니하시면 내가 무엇으로 너를 도우랴 타작 마당으로 말미암아 하겠느냐 포도주 틀로 말미암아 하겠느냐"(왕하 6:27)라고 고백했다.

하나님에 대한 우리의 기대가 하나님 말씀에 기초를 두고 있고 우리가 그 말씀의 인도를 받는다면, 겸손한 자신감과 믿음의 확신을 가져야 한다. 하나님의 말씀이 결코 땅에 떨어지지 않으며, 가난한 자들의 기대가 소멸하지 않을 것을 알고 믿어야 한다. 세상 사람들은 그들의 보화를 "나의 희망"이라고 부르고, 정금을 "나의 의지할 자"라고 말하며, 부자들의 부귀는 그들의 "견고한 성"이라고 말한다. 그러나 경건한 사람에게는 이 세상에서 하나님만이 피난처이시며 분깃이시다(시 142:5). 따라서 우리는 오직 하나님께만 "당신은 나의 소망이시며 나의 의지할 분입니다"라고 담대히 이야기해야 한다.

만물의 눈이 그를 주목하는 것은, 주는 모두에게 선하시기 때문이다. 그는 특히 이스라엘, 곧 성도들에게 선하시다. 그러므로 그들의 눈은 더욱 주님을 바라며 기다릴 것이다. 그들은 주의 이름을 알기에 주를 의지할 것이며, 그들의 소망이 그들을 부끄럽게 하지 않을 것을 알기에 주 안에서 승리할 것이다.

4. 하나님께 헌신하는 삶

헌신하는 삶이란 하인이 주인의 뜻을 헤아려 일하며, 무슨 일을 하든지 주인의 영광과 이익을 위해 일하는 삶이다. 주인을 시중드는 하인은 자기 자신의 방법을 택하지 않고 한 걸음 한 걸음 주인을 따른다.

하나님을 기다리는 것은 그의 지혜롭고 거룩한 지도와 처분에 전적으로 우리 자신을 맡기며, 기쁨으로 따라가는 것이다. 자기 자신의 의지가 아니라 오직 그의 뜻만을 전적으로 의뢰하는 자처럼 하나님을 기다려야 한다. 그러므로 우리는 하나님의 뜻에 순응하는 방법을 배워야 한다. 절대적인 믿음과 순종으로 예수님이 어디를 가시든지 따라가는 것이 주님께 구속받은 자들의 특징이다.

하인의 눈이 주인의 손을 따르며 하녀의 눈이 여주인의 손끝을 따르는 것처럼, 주님이 명하시고 맡기신 일을 하기 위해 우리의 눈은 주님을 기다려야 한다.

"아버지여, 아버지의 뜻을 이루소서. 주인이시여, 당신의 뜻을 이루소서."

하인은 주인을 기다리되 단지 그를 섬기기 위해서만이 아니라 그에게 영광을 돌리기 위해서 기다린다. 그러므로 우리도 하나님을 기다리되 영광과 찬양을 돌리기 위해서 기다려야 한다. 그의 영광은 우리의 궁극적인 목표가 되어야 하며, 우리가 가진 모든 것과 우리가 할 수 있는 모든 것으로 헌신해야 한다. 이 목표를 위해 우리는 그의 종으로서 그가 입혀 주신 옷을 입고, 그의 뜰에 대기하며, 그의 모든 행하심을 따라야 한다. 모든 일에 그가 영광을 받으실 수 있도록 말이다.

하나님을 기다린다는 것은 그의 뜻을 우리의 행동 규범으로 삼는 것이다.

하나님의 뜻을 행동 규범으로 삼고, 그에 따라 모든 일을 행하기 위한 방법

주님의 명령이 우리의 부패한 성향이나 세속적인 이익과는 반대가 될지라도 그를 따를 것을 결심하면서 그의 명령을 받기 위해 주님을 기다려야 한다. 아버지의 얼굴을 항상 바라보는 거룩한 천사들처럼 주께서 하라고 하시는 대로 행하라. 그분의 눈짓으로 그의 뜻이 조금만 암시되어도 어디로든 갈 준비가 된 천사들처럼 주님을 기다려야 한다. 하늘의 천사들이 행하는 것처럼 주님이 기뻐하시는 일을 행하며, 항상 곁에 있는 종들처럼 그의 보좌 곁을 떠나지 않고 하나님의 뜻을 따라 행하라.

본문에서 다윗은 하나님이 그의 길을 보여 주시며 인도해 주시기를 기도한다. 그를 가르치시고 지키시며 그의 일을 이끌어 주실 것을 기도한다. 또 그는 하나님이 자신의 탄원을 들어주실 것을 간청한다. 그가 종일토록 주를 기다리고 있으며, 주의 입에서 나오는 율법을 기꺼이 받아 모든 일에 주님의 명령을 살필 준비가 되었다는 것이다. 이는 가르침을 받은 대로 기꺼이 행할 준비가 된 사람만이 하나님의 가르침을 기대할 수 있다는 것을 암시한다.

누구든지 주님의 뜻을 따르고자 하는 확고부동한 결심으로 주님의 뜻을 행한다면, 그는 주님의 은혜 가운데 하나님의 뜻이 무엇인지 알게 될 것이다.

다윗은 "나로 하여금 깨닫게 하여 주소서"(시 119:34)라고 기도한다. 그리고 주인을 시중드는 하인과 같이 "내가 주의 법을 준행하며 전심으로 지키리이다"(시 119:34)라고 자신에게 약속한다. 이처럼 겸손한 결단을 가지고 주께서 주의 도를 가르치실 것을 기대하며 여호와의 집에 오르는 자는 주의 길로 행하게 될 것이다(사 2:3).

"주여, 내가 주의 도를 따르며 종일토록 하나님을 기다리기로 굳게 결심했으니, 구름 기둥과 불기둥으로 나를 인도하소서."

**주님의 섭리하심을 인내로 기다리며,
그것을 바라고 모든 역경을 견디기 위한 방법**

우리를 위해 모든 일을 행하시는 이는 하나님이시며, 그는 또한 정해진 일을 이루시는 분이다. 우리는 하나님이 하시는 모든 것이 이루어지며, 그가 자기를 사랑하는 모든 사람에게 선을 이루도록 역사하시리라는 것을 확신한다. 그러므로 우리는 하나님의 온전하신 뜻에 묵묵히 따르며 적응해야 한다.

주님을 기다린다는 것은 그의 앞에서 선을 행하며 그와 함께 행하는 것을 말한다. 그에게는 진정으로 선한 것이 아니고는 선하게 보이지 않는다. 하나님의 사역이 온전한 빛 가운데 나타날 때 우리는 그것을 알게 될 것이다.

주님을 기다린다는 것은 "나의 원대로 마시옵고 아버지의 원대로 하옵소서"(마 26:39)라고 고백하는 것이다. 우리의 뜻이 아니라 주님의 뜻에 우리 마음을 일치시켜야 하지 않겠는가? 이렇게 할 때, 우리에게 어떠한 불안한 일이 일어날지라도 우리 마음을 조용하고 편안하게 유지할 수 있다.

그것이 하나님의 뜻이므로 우리는 어떠한 역경도 참아낼 수 있어야 한다. 이는 모든 것을 하나님의 뜻을 따라 행하시는 주님이 우리에게 할당하신 것이다. 이것이 그리스도인의 인내다. "말 못하는 자 같이 입을 열지 아니하오니 나는 듣지 못하는 자 같아서 내 입에는 반박할 말이 없나이다"(시 38:13-14). 주님이 그렇게 하셨기 때문에 우리는 불평할 이유가 없다. 이것은 어떠한 역경 속에서도 우리를 만족하게 할 것이다. 그것이 무엇이든지 하나님의 뜻이기 때문이다.

주님 뜻의 주권으로 인해 우리는 그에게 동의해야 하며 침묵을 지켜야 한다. 자기를 창조하신 분과 다투는 자에게는 화가 있다. 우리는 주님의 지혜와 선하심으로 인해 만족해야 한다. 하나님은 나쁜 일을 행하지 않으시는 분이다. 그러므로 하나님의 섭리가 어떻게 이루어지든지 그것은 그를 기다리는 사람들에게 해를 입히려는 뜻이 아님을 확신할 수 있다. 시편 기자의 말처럼, 종일 재난을 당하며 아침마다 징벌을 받아도(시 73:14), "하나님은 선하시니 그가 나를 죽게 하실지라도 나는 그를 믿고 기다릴 것이다"라고 고백하게 될 것이다.

우리가 주님께 표해야 하는 경의와 우리에게 유익이 되는 주님과의 교제를 강조하는 성경 구절을 따라 나는 하나님을 기다리는 일을 시작할 것이다. 참으로 우리의 교제는 아버지와 그의 아들 예수 그리스도와 함께하는 것이다.

여호와를 항상 내 앞에 모셔야 한다(시 16:8). 어디를 가고 무엇을 하든지 언제나 우리와 가까이 계시며, 우리 오른편에 계셔서 우리를 감찰하시는 그분을 바라보기 위함이다. 우리는 그 안에서 살고 움직이고 존재하며, 그와 더불어 일하고 우리의 책임을 다해야 한다.

복음에 순종하는 대원칙은 주님 앞에서 행하되 정직히 행하는 것이다. 복음의 완전함인 정직은 항상 하나님 앞에 있는 것처럼 행하며, 우리 자신을 주께 인정받을 수 있도록 노력하는 것이다. 그리고 이것이 바로 우리의 눈이 항상 여호와를 바라보는 것이다(시 25:15).

현재는 먼 거리와 어둠 때문에 그를 볼 수 없지만, 우리는 주님과 그의 영광이 거하는 곳을 바라보아야 한다. 주님과 그의 뜻을 알고자 하고 우리의 목표를 모두 주님의 영광에 두며, 그 안에서 일하고 언제나 주님이 받으시기에 합당하게 행해야 한다. 주님을 기다리는 일이란 주님이 자신을 나타내기를 기뻐하시는 일에 우리의 눈을 돌리고 그를 따르는 것이며, 주님의 살아 계심과 온전하심을 받아들이는 것이다.

이것이 범사에 하나님을 인정하는 것이다(잠 3:6). 인생의 모든 일과 행사에서 우리는 그의 손안에서 걸으며 그의 발걸음에 우리 자신을 맞추어야 한다. 우리의 모든 사업을 그가 인도하시고 성공으로 이끄실 것을 기대하면서, 주님이 우리를 대신하여 맡아 주시도록 믿음과 기도로 의탁해야 한다.

어디를 가든지 그와 함께 가고, 그가 함께 가지 않으실 곳에는 가지 말아야 한다. 우리의 모든 위로 가운데서 그것을 주시는 주님의 손을 보아야 하며, 우리의 모든 시련 속에서도 그것을 주시는 주님의 동일한 손을 보아야 한다. 이로써 선과 악을 받아들이는 것을 배워야 하며, 주실 때나 거두어 가실 때나 주의 이름을 찬미하는 것을 배워야 한다.

이것이 갈렙과 같이 온전히 주님을 따르는 것이다(민 14:24). 주님을 따라 행하는 것은 그의 모든 계명을 존중하며 그의 온전하신 뜻에 따라 우리도 온전히 서기 위해 노력하는 것이다. 하나님이 우리를 어디로 인도하시며 우리보다 앞서 어디로 가시든지 사랑하는 자녀로서 그를 따라야 하며, 예수님이 어디를 가시든지 주님을 우리의 인도자로 삼아야 한다.

이것이 하나님을 기다리는 것이다. 이렇게 하는 사람들에게 주님은 반드시 적당한 때에 기쁨으로 나타나실 것이다. 솔로몬이 "자기 주인에게 시중드는 자는 영화를 얻느니라"(잠 27:18)라고 한 말이 그들에게 달게 들릴 것이다. 그들은 기쁨으로 주님을 기다릴 것이다. 이는 그리스도께서 그를 섬기는 자들에게 "나 있는 곳에 너희도 있게 하리라"(요 14:3)고 말씀하셨기 때문이다.

02

우리가 온종일
하나님을 기다려야 하는 이유

하나님을 기다리는 것이 무엇인지 알았다면, 이제 매일같이 그리고 온종일 그렇게 해야 한다는 것을 생각해 보자.

1. 그날그날 이루어야 할 우리의 의무

우리는 매일같이 하나님을 기다려야 한다. 이것은 매일 해야 할 일이며, 그날그날 이루어야 할 우리의 의무다. 군주의 뜰에 있는 종들은 임무가 주어질 때까지 몇 주, 몇 달을 기다리기도 한다. 어떤 특정한 때만을 대기하고 있어야 할 때도 있다. 이처럼 하나님의 종들은 언제나 기다리고 있어야 한다. 우리에게 정해진 모든 날과 이 지상에서 일하고 싸우는 모든 날 동안을 기다려야 한다(욥 14:14).

천사들처럼 더 가까이에서 더 끊임없이 하나님을 섬기게 될 천국에 가기까지, 이 기다리는 일에서 벗어날 것을 바라거나 기대해서는 안 된다. 즉 우리는 매일같이 하나님을 기다려야 한다.

주일뿐 아니라 평일에도 기다려야 한다

주일은 하나님의 전에서 그를 기다릴 목적으로 제정된 것이다. 거기서 우리는 하나님을 섬기고 그에게 영광을 돌리며, 그의 계명과 은총을 받아야 한다.

그리고 섬기는 자는 섬기는 일을 해야 한다(롬 12:7). 고넬료와 친구들이 "이제 우리는 주께서 당신에게 명하신 모든 것을 듣고자 하여 다 하나님 앞에 있나이다"(행 10:33)라고 말한 것처럼 성도들도 그렇게 해야 한다.

주의 보좌의 발등상 앞에 모이는 무리의 수를 채우고 더 많게 하는 것은 하나님의 영광을 위한 것이다. 꼭 필요한 일과 자비를 베푸는 데 필요한 시간을 제외하고는 주일의 모든 시간을 하나님을 섬기는 일에 사용해야 한다. 그리스도인은 영적인 제사장이므로 하나님의 집에서 정해진 시간에 그를 섬기며 기다려야 한다.

그러나 그것만으로는 충분하지 않다. 우리는 평일에도 하나님을 기다려야 한다. 우리는 매일 그에게서 자비를 얻어야 하며, 그를 위해 해야 할 일이 있기 때문이다. 한 주일의 첫 번째 날에 하나님을 기다리는 것은 나머지 날 동안에 그와 영적인 교제를 갖도록 도와준다. 주일에 받은 감동 없이 한 주간의 일을 시작하거나, 우리 마음속에서 일어나는 생각 안에 그 감동이 간직되지 않는다면, 주일의 의미를 말할 수 없다.

따라서 한 주간을 지날 때마다 우리는 은혜의 울타리 속에서 보호받아야 하며, 일주일 내내 성령 안에서 행하기 위해 먼저 주일에 성령 안에서 행해야 한다.

한가한 날만이 아니라 바쁜 날에도 하나님을 기다려야 한다

우리 인생에서 어떤 날은 수고롭고 분주하다. 그럴 때는 우리의 생업을 위해 아주 부지런히 일해야만 한다. 그러나 그것이 주님을 기다려야 하는 일을 제쳐두는 구실이 될 수는 없다. 우리의 손이 세상 일을 하고 있을 때라도, 우리의 마음은 늘 주님을 경외하며 하나님을 기다리고 있어야 한다. 우리의 인도자이신 주님의 섭리와 우리의 세상 일에도 궁극적인 목표가 되시는 주님의 영광을 위해서, 세상 일을 하면서도 하나님과 함께 있어야 한다.

일찍 일어나고 늦게 누우며 세상에서 얻은 수고의 떡을 먹는 사람들도 주님을 기다려야 한다(시 127:2). 그렇지 않으면 그들의 모든 근심과 수고는 아무런 의미가 없는 헛된 일이다(시 127:1). 아니, 지옥의 일이다.

우리는 살면서 어떤 날은 하던 일을 중단하고 오롯이 휴식을 취하기도 한다. 많은 사람이 기분 전환을 위한 시간을 갖는다. 그러나 하던 일을 쉰다고 해서 하나님을 기다리는 일까지 쉬어서는 안 된다. 솔로몬이 말했듯이, "내가 시험 삼아 너를 즐겁게 하리니 너는 낙을 누리라"(전 2:1)고 할 때도 이 지혜를 간직해야 한다(전 2:3).

우리의 눈은 하나님을 향해야 하며, 친구들과 유쾌한 대화를 나누는 중에도 주님과의 교제에서 떨어질까 주의해야 한다. 일하는 날이나 쉬는 날이나 하나님을 기다리는 것 이상으로 우리의 수고를 값지게 하고, 우리의 휴식에서 오는 위로를 달게 해주는 것은 아무것도 없다. 우리는 이 세상에서 할 일이 많든 적든 여전히 주님을 기다림으로써 우리를 노리는 유혹으로부터 자신을 지켜야 한다.

형통한 날이나 역경의 날에도 하나님을 기다려야 한다

세상이 우리에게 미소를 지으며 유혹하는가? 하나님을 기다리는 일에서 돌아서지 말고 그 일을 추구하자. 세상에서 더할 수 없는 부귀를 누리고 있다 해도 우리는 하나님이 필요하지 않거나 더 이상 하나님이 필요한 일이 없을 거라고 말할 수 없다. 다윗은 "형통할 때에 말하기를 영원히 흔들리지 아니하리라"(시 30:6)라고 했지만, 그는 곧 자신이 잘못 생각했음을 깨달았다. 하나님이 그 얼굴을 가리셨을 때 그가 곧 근심하게 되었기 때문이다(시 30:7).

우리의 행사가 형통하고 하나님이 우리의 손을 풍요롭게 채우실 때 우리는 하나님을 우리의 위대하신 주인으로 섬겨야 한다. 그에게 의무를 다하고 우리가 가진 것에 복을 더하시며 은총을 베풀어 주실 것을 간구해야 한다.

또한 계속해서 그러한 위안을 허락해 주시기를 바라며 그를 의지해야 한다. 우리는 지혜와 은혜를 얻기 위해 하나님을 기다려야 하며, 우리에게 맡겨진 일을 위해 세상에서 가진 것들을 사용해야 한다.

우리는 이 세상에서 많은 것을 소유하고 풍요로움을 즐길 수 있다. 그러나 우리가 세상에서 얼마나 많은 것을 소유하느냐,

그리고 하나님이 우리에게 얼마나 많은 것을 주시느냐 하는 것보다 더 좋은 것을 얻기 위해 하나님을 기대해야 한다. 주님은 그것을 나의 몫으로 정해 놓으시고 나를 놓지 않으신다.

세상이 우리에게 눈살을 찌푸리며 모든 일을 방해할 때, 그것을 괴로워하며 두려워하여 하나님을 기다리는 일에서 멀어져서는 안 된다. 오히려 그로 말미암아 하나님을 더 열심히 기다려야 한다. 역경은 우리를 은혜의 보좌 앞으로 나아가게 하며 기도하는 것을 가르쳐 준다. 즉 역경은 하나님의 은혜의 말씀이 우리에게 얼마나 귀중한 것인지 알게 하려고 오는 것이다.

슬픔의 날에는 우리의 슬픔을 잠재울 만큼 충분한 위로를 베풀어 주실 것을 기다려야 한다. 욥은 슬픔의 날에 눈물을 흘리며 엎드려 경배했다. 두려움의 날에는 우리의 두려움을 잊을 수 있는 충분한 격려를 받기 위해 하나님을 기다려야 한다.

여호사밧은 고난 중에 하나님을 기다렸고, 그것이 헛되지 않아 하나님으로 말미암아 그의 마음이 세움을 입었다. 다윗에게도 종종 그러한 일들이 있었으며, 그 일들을 통해 "내가 두려워하는 날에는 내가 주를 의지하리이다"(시 56:3)라는 결심에 이르렀다.

젊어서나 늙어서나 하나님을 기다려야 한다

어리다고 해서 하나님을 기다리는 일을 시작하기에 너무 이른 것은 아니다. 어린 사무엘은 하나님을 기다려 그를 섬겼고, 성경은 이 일을 특별히 귀하게 보고 있다. 그리스도께서도 예루살렘에 입성하실 때 그를 기다리던 어린아이들이 외치는 호산나 소리에 기뻐하셨다. 솔로몬은 젊은 시절에 왕위에 오르자 하나님을 기다려 지혜를 구했고, 그의 말이 하나님을 기쁘시게 했다.

하나님이 이스라엘에게 말씀하시기를, "내가 너를 위하여 네 청년 때의 인애와 네 신혼 때의 사랑을 기억하노니… 그 광야에서 나를 따랐음이니라"(렘 2:2)라고 하셨다. 하나님을 기다리는 것은 창조주 하나님을 기억하는 것이며, 그렇게 하기에 적합한 때는 우리의 청년 시절이다(전 12:1). 하나님을 올바로 기다리려는 사람은 때에 맞추어 그렇게 하는 것을 배워야 한다.

그러면 예수님의 나이 많은 종들은 그를 기다릴 수 없는가? 아니다. 그들의 기다림은 여전히 필요하며, 여전히 받아들여진다. 나이가 많다고 버림받는 일은 없으므로 주님을 기다리는 일을 중단해서는 안 된다. 노쇠하여 생기는 여러 가지 병으로 인해 더 이상 일하는 종이 될 수 없다고 해도 기다리는 종은 될 수 있다. 바르실래처럼 이 세상 군주의 궁전 연회에는 적합하지 않을지라도 하나님의 궁에서는 언제든지 하나님의 기쁨을 더하게 할 수 있다.

레위 사람들은 50세가 넘으면 그들의 힘든 사역에서 은퇴하지만, 그래도 여전히 주님께 영광을 돌리며 그로부터 위로를 받기 위해 조용히 하나님을 기다려야 한다. 하나님의 뜻을 다하고 그들의 일을 끝낸 사람들도 약속을 받기까지 기다리는 인내가 필요하다. 그들은 자신이 기다리는 하나님을 더욱 소중히 여겨야 한다. 그러면 잠시 후에 하나님과 영원히 함께할 소망이 다가올 것이다.

2. 온종일, 죽기까지 앙망해야 하는 하나님

온종일, 죽기까지 하나님을 기다려야 한다. 매일 아침부터 밤중까지 계속 주님을 기다려야 한다. 우리의 사역이 어떻게 변하든지 우리의 영혼은 언제나 이런 태도를 보여야 한다. 우리는 하나님을 기다려야 하며, 우리의 눈은 여호와를 앙망해야 한다. 어느 때라도 하나님을 떠나 방황하거나 주님 이외의 다른 것을 기다려서는 안 된다. 주님의 뜻에 복종하고 그의 영광을 따르며 주님을 섬겨야 한다.

매일의 걱정을 주님께 맡겨야 한다

날마다 우리에게 새로운 걱정이 찾아온다. 걱정할 일들은 매일 일어난다. 근심거리를 붙잡으려고 내일까지 기다릴 필요가 없다. 그날의 악은 그날에 충분하다. 세상에서 많은 일을 하는 우리에게는 온종일 근심거리가 기다린다. 당신은 자신을 지키려고 하지만 그것들이 당신과 함께 앉고 함께 일어나며 함께 나가고 함께 들어온다. 당신의 근심거리는 이웃들이 느끼는 것보다 자기 자신에게 더 큰 짐이 된다. 그래서 영혼이 연약한 어떤 사람들은 좀처럼 아무 결정도 내리지 못하고 두려워 떨기만 한다.

그러므로 이러한 짐들을 주님께 맡기라. 모든 일, 모든 사건, 모든 환경, 심지어 가장 사소하고 우연한 것처럼 보이는 일에도 주님의 섭리가 함께하심을 믿으라. 당신의 시간이 하나님 손에 놓여 있으며 당신의 모든 길이 주님께만 달려 있음을 믿으라. 그의 약속을 믿으며, 그를 사랑하는 모든 사람에게 모든 것이 협력하여 선을 이룰 것을 믿으라. 모든 일을 주님께 맡기고 그가 보시기에 좋은 대로 이루시게 하라. 그것에 만족하며 평안한 마음을 가지라.

아침에 기도로 당신의 근심을 들고 하나님께 나아가 영혼의 평안함과 유쾌함을 얻으라. 한나가 그랬던 것처럼 주님께 그 근심을 맡긴 상태를 종일토록 유지하라. 한나는 기도한 후에 돌아가서 먹으며, 얼굴에 다시는 근심 빛이 없었다(삼상 1:18). 당신의 길을 주님께 의탁하고, 비록 당신의 기대에 어긋날지라도 주님의 뜻에 복종하라. 하나님이 당신에게 주신 것이라 믿고, 아버지가 아이들을 보살피는 것처럼 그가 당신을 돌보아 주실 것을 확신하라.

주님을 위해 매일의 일과를 해 나가야 한다

현재 몸담은 직장과 일터에서 주님의 섭리와 교훈에 따라 자신의 의무에 열과 성을 다하라. 모든 일을 평탄하고 성공적으로 이끄는 데 꼭 필요한 복을 바라보고, 가장 높은 목표를 주의 영광으로 삼아야 한다. 이것은 하나님을 향한 우리의 평범한 행동을 성화시켜 아름답게 해 줄 뿐 아니라 우리 자신도 유쾌하게 해 준다.

가이오가 나그네 된 자들에게 선을 베풀었을 때, 그것은 평범한 작은 예의에 불과할 뿐이었다. 하지만 그 나그네들이 그리스도께 속했기 때문에 그들에게 경의를 표하고 주님의 이름을 위해 경건함을 좇아 행하며 그들과 유익한 대화를 더 많이 나누었다면, 그것은 곧 그리스도인다운 경건한 행동이다(요삼 1:6).

매일 일할 때마다 우리는 이러한 법칙 아래에서 자신을 다스려야 한다. "무엇을 하든지 말에나 일에나 다 주 예수의 이름으로 하고"(골 3:17), 중재자이신 예수님 안에서 하나님을 섬겨야 한다.

종들에게는 특별히 이러한 말씀으로 권고한다.

"종들아 두려워하고 떨며 성실한 마음으로 육체의 상전에게 순종하기를 그리스도께 하듯 하라… 이는 각 사람이 무슨 선을 행하든지 종이나 자유인이나 주께로부터 그대로 받을 줄을 앎이라"(엡 6:5-8).

"종들아 모든 일에 육신의 상전들에게 순종하되 사람을 기쁘게 하는 자와 같이 눈가림만 하지 말고 오직 주를 두려워하여 성실한 마음으로 하라 무슨 일을 하든지 마음을 다하여 주께 하듯 하고 사람에게 하듯 하지 말라 이는 기업의 상을 주께 받을 줄 아나니"(골 3:22-24).

일할 때 양심적으로 신실하게 일하고 날마다 주를 섬기며, 일상적인 일에서도 주님의 영광에 목표를 두고 행함으로써 우리 주 하나님의 교훈을 귀중히 여겨야 한다.

빵을 얻기 위해 일하거나 살기 위해 빵을 얻으려 하지 말라. 또 자신을 위해 살거나 자신을 기쁘게 하려고 살지 말라. 하나님을 위해 살고, 그를 기쁘시게 하려고 살아야 한다. 우리를 지으셨을 뿐 아니라 돌보시는 하나님이 우리에게 할 일을 주시고 우리 자신의 일을 보살피게 하셨으므로 이 세상에서의 시간을 하나님을 위해 채워야 한다.

매일 하나님께 위로를 받아야 한다

온 만물의 눈이 주님이 때를 따라 양식을 주시기를 기다리며 그들에게 주신 것을 모으는 것처럼, 우리는 그를 우리의 은인으로 섬겨야 한다. 비록 집 안에 먹을 것이 있고 식탁 위에 음식이 놓여 있을지라도, 주님이 우리에게 일용할 양식을 주시는 아버지이시며 양식을 구해야 할 분인 것을 알고 그를 기다려야 한다. 일용할 양식을 약속하시고 사용할 수 있도록 허락하시며, 복을 주셔서 영양을 공급받고 그 안에서 위안을 얻게 하신 주님을 기다려야 한다.

하나님을 기다리며 하나님과 영적 교제를 계속 유지하는 방법은 말씀과 기도밖에 없다. 말씀과 기도로 하나님의 지으신 모든 것이 거룩해지며 또한 받기에 합당하게 된다(딤전 4:4-5). 정한 자들에게는 모든 것이 정하다. 그들은 일반적인 섭리가 아니라 언약으로 이것을 받는다. 이 언약은 의인의 적은 소득을 사악한 자들의 많은 소득보다 훨씬 더 값지고 위로가 되게 한다.

우리는 우리의 소유를 정직하게 거두고 올바르게 사용해야 한다. 하나님께 드려야 할 것은 마땅히 그분께 드려야 한다. 우리가 가진 모든 것은 하나님의 것이다. 우리는 청지기로서 소유물을 위탁받았기 때문에 거두는 결과에도 책임을 져야 한다.

우리가 매일 받는 모든 위로는 하나님의 선물이다. 우리가 먹고 마시는 모든 것이 그의 자비이며, 우리가 숨 쉬는 것, 한 걸음씩 걸어가는 것도 주님의 자비이다. 이것을 생각한다면 우리는 주인의 외양간에 있는 나귀처럼 언제나 주님을 기다릴 수 있을 것이다.

하나님은 그의 연민으로 인해 그의 자비를 매일 새롭게 하신다. 주의 자비는 아침마다 새롭다. 그러므로 사람들이 일주일 동안 쓸 물건을 사기 위해 시장에 가는 것처럼 주님을 일주일에 한 번만 기다려서는 안 된다. 그날 벌어 그날 살지만 평온하게 사는 사람들처럼 매일 그리고 온종일 그를 기다려야 한다.

날마다 유혹을 물리치고 매일의 의무를 다해야 한다

유혹은 하루도 빠짐없이 닥쳐온다. 주님이 우리에게 필요한 양식을 위해 기도하는 것처럼 시험에 들지 않도록 기도하라고 가르치셨을 때, 주님은 그 사실을 알고 계셨다. 우리가 고용된 모든 일과 우리가 다니는 모든 직장에는 나름의 유혹이 있다. 그리고 사탄은 그것을 통해 우리를 공격하며 죄 가운데로 몰아넣으려고 한다. 느헤미야가 "나를 두렵게 하고 이렇게 함으로 범죄하게 하고"(느 6:13)라고 했듯이, 우리가 끊임없이 경계해야 할 큰 악은 죄다.

우리 자신을 안전하게 지키는 길은 온종일 하나님을 기다리는 일밖에 없다. 아침에만 그 은혜의 보호하심에 우리를 맡길 것이 아니라, 종일토록 그의 보호하심에 우리 자신을 의탁하라. 하나님을 바람으로써 우리는 유혹을 이기는 데 필요한 가장 좋은 논증과 그날에 필요한 힘을 얻게 될 것이다. 또한 주 안에서와 그의 힘의 능력으로 강건하라. 그럴 때 우리는 종일토록 주님을 기다릴 수 있을 것이다.

우리에게는 해야 할 일이 있고, 선한 말과 선한 일을 할 좋은 기회도 있다. 우리는 선한 생각만으로 충분하지 못하다는 것을 알고 인정해야 한다. 그러므로 우리의 일을 하는 데 필요한 빛과 열정, 지혜와 열심을 위해 하나님을 바라며 하나님을 구하고 하나님을 의지해야 한다. 모든 악한 말과 일에 은혜로 대항하여 강해져야 할 뿐만 아니라, 모든 선한 말과 선한 일을 하기 위한 능력을 공급받아야 한다.

예수 그리스도 안에 있는 충만함으로부터 은혜를 위한 은혜, 모든 은혜로운 일들을 위한 은혜, 궁핍할 때 도와주시는 은혜를 받아야 한다. 이 은혜를 바라며 그의 지시를 따르고, 밀랍으로 봉인된 것과 같은 은혜를 의지해야 한다.

주님의 뜻에 복종함으로 날마다 역경을 이겨내야 한다

육체에는 고통이 있기 마련이다. 우리의 관계에서, 직장에서, 그리고 우리 자신이나 가족 및 친구와 관련해서 우리를 슬프게 하는 일들이 매일 일어나고 있다. 당신은 매일 육체적인 고통이나 질병을 맛보고 있을지도 모르며, 일터에서 실망과 시련을 만나고 있을지도 모른다. 이제 이 모든 것에서 우리는 하나님을 기다려야 한다.

그리스도께서는 그의 모든 제자에게 날마다 자신의 십자가를 지고 따르라고 말씀하신다(마 16:24). 따라서 하나님이 십자가를 주실 때는 내려놓거나 피하려고 해서는 안 된다. 우리가 가야 할 길에서 벗어나지 말고 십자가를 져야 한다. 십자가를 견디는 것만으로는 충분하지 않다. 십자가를 지고, 십자가에 순응하며, 그 안에 있는 하나님의 뜻을 묵묵히 따라야 한다. 내가 어찌할 수 없어서 견디는 것이 아니라, 하나님의 뜻이므로 견뎌야 한다.

모든 역경은 하나님 아버지께서 우리에게 허락하신 것이다. 우리의 잘못을 고치시려는 하나님의 손길을 보아야 한다. 어째서 우리를 책망하시는지, 어떤 잘못 때문에 이러한 역경 속에서 우리를 단련하시는지 그 이유를 알아야 한다. 또 이 역경을 통해 고쳐져야 할 것이 무엇인지를 깨닫고, 이 괴로움을 통해 하나님의 목적에 부합해서 그의 거룩하심에 참여할 수 있도록 하나님을 기다려야 한다.

우리는 하나님의 섭리에 유의해야 한다. 그가 눈살을 찌푸리실 때 우리는 그의 의도가 무엇인지, 고난을 통해 배워야 할 순종이 무엇인지 발견할 수 있도록 그분을 주시해야 한다. 무거운 짐을 지고 있을 때 하나님이 힘을 북돋아 주실 것을 바라고,

하나님이 채찍질하실 때 자녀들을 보호하시기 위해 내미는 영원하신 팔에 자신을 맡기며, 그곳에 머물러야 한다.

우리는 그가 구원해 주실 것을 바라야 한다. 죄가 되는 올바르지 못한 방법으로 벗어나려고 해서는 안 된다. 주님이 자비를 베푸실 때까지 그를 기다려야 한다(시 123:2). 하나님이 긍휼히 여기실 때까지 기꺼이 그 짐을 져야 한다. 그 고통의 시간이 길어지고 그가 얼굴을 가리시더라도(사 8:17) 잠깐의 진노에 불과하기를 바라며(사 54:7-8) 하나님을 기다려야 한다.

주님의 섭리에 전폭적으로 맡기고
매일의 소식과 사건을 기대해야 한다

우리는 이 세상을 살아가며 좋은 일을 바라고 기대하며, 나쁜 일은 두려워한다. 우리는 하루 동안에, 밤이나 낮에, 아니면 한 시간 후에 무슨 일이 일어날지 모른다(잠 27:1). 그것은 무언가 의미 있는 중대한 일일 수도 있다. 우리는 미래의 일에 대해 헛된 생각을 하며 낭비하는 경향이 있다. 그런 헛된 생각들은 우리가 상상했던 것과는 상당히 다른 양상으로 나타난다. 그러므로 이제는 미래의 모든 기대 속에서 하나님을 기다려야 한다.

좋은 소식과 좋은 일이 있기를 바라는가? 우리가 바라는 모든 좋은 것을 주시는 분은 하나님이시다. 그러므로 그를 기다리고 그의 손에서 좋은 것들을 받을 준비를 해야 한다. 또 그가 자비를 베풀려고 오실 때 올바른 마음으로 그를 맞을 준비가 되어 있어야 한다. 어떤 선한 것을 바라든지 우리가 기대할 수 있는 것은 오직 하나님 자신이며, 그의 지혜와 능력과 선하심이다. 그러므로 우리의 소원은 겸허하고 겸손하며 그의 뜻에 따른 것이어야 한다.

우리는 하나님이 우리에게 약속하신 것을 확신하며 기대할 수 있지만, 그 이상은 할 수 없다. 그러므로 하나님 안에서 소망을 갖는다면 그 소망이 더디 이루어져도 마음이 상하거나 실망하지 않을 것이다. 우리가 섬기는 하나님은 모든 것을 지배하시되 최상의 것을 위하여 일하시기 때문이다. 만일 우리가 하나님을 기다리는 중에 소원이 이루어진다면 우리는 그것이 주님의 사랑으로부터 왔다는 사실을 알 수 있을 것이며, 그것은 생명 나무와 같을 것이다(잠 13:12).

나쁜 소식, 침울한 사건, 기대하던 일의 슬픈 결말을 두려워하는가? 우리의 모든 두려움과 두려워하는 일들, 특별한 고통을 주는 두려움으로부터 우리를 건져 달라고 간구하자(시 34:4). 야곱이 그의 형 에서를 두려워하게 되었을 때 그는 하나님을 기다리며 그의 두려움을 들고 나아가 하나님과 씨름했다. 그리고 결국 이겨서 구원을 받았다.

다윗은 "내가 두려워하는 날에는 내가 주를 의지하리이다"(시 56:3)라고 말했다. 주를 의지할 때 나쁜 소식에 대한 두려움을 넘어서서 마음을 확고히 세우게 될 것이다.

때로는 소망이 이기고 때로는 두려움이 이기는 가운데 소망과 두려움 사이에서 불안해하고 있는가? 삶과 죽음, 선과 악의 모든 문제가 하나님께 속해 있으며, 우리의 심판과 모든 사람의 행위가 그에게서 나오므로 하나님을 기다리며 무엇이든 그에게 순응하기로 결심하고 조용하게 결과를 기대하자. 최상의 것을 희망하고 최악의 경우를 대비하면서 하나님이 주시는 것을 받자.

적용

하나님을 기다리는 상황별 방법

1. 해야 하는 일을 따라 온종일 하나님을 기다리라

하루 동안 해야 하는 일이 특별한 일이든 일상적인 업무든 그 일을 하면서 종일 하나님을 기다려야 할 의무가 우리에게 있다. 우리는 연약하고 잊기 쉬우므로 어떤 경우든지 우리가 해야 할 일, 즉 하나님을 기다리는 일을 늘 염두에 두어야 한다. 당신이 이를 기억하는 데 다음과 같은 특정한 예들이 도움을 줄 것이다.

아침에 가족을 만날 때 하나님이 복 주시기를 기다리라

지난밤에 온 가족이 하나님께 받은 자비에 감사하며 주님을 섬기라. 당신과 당신의 가족은 주님을 섬기고 그를 기다려야 한다. 당신의 가족이 함께 지내며, 즐거움과 구원의 목소리가 당신의 집안에 거하는 것을 보라. 이는 정의로운 자들의 가정을 세우신 그들의 아버지이시며 창조자이신 하나님의 선하심 때문이다.

당신이 계속해서 함께하며 서로 위안이 되고 관계의 의무를 다할 수 있도록, 당신의 평강의 날을 길게 해 주시기를 구하며 주님을 기다리라. 가족들과 대화를 나누거나 그들을 위해 음식을 준비하거나, 그들의 할 일들을 지시해 줄 때마다 이스라엘 모든 가정의 하나님이신 그를 기다려야 한다.

"여호와의 말씀이니라 그때에 내가 이스라엘 모든 종족의 하나님이 되고 그들은 내 백성이 되리라"(렘 31:1).

지상의 모든 가족은 복 주실 그리스도를 바라보라. 주님의 은혜를 함께 나누는 가족 모두가 가족의 일원으로서 해야 할 의무를 다할 수 있도록 주님의 은혜를 기다려야 한다. 가족 관계에서 마음에 들지 않는 일이 있더라도 부담스럽게 여기거나 화내지 말라. 불만을 제거해 주시거나 혹은 그것을 견딜 수 있는 은혜를 주시는 하나님을 기다리라.

자녀들을 교육하는 방법이 성공할 수 있도록 하나님의 은혜를 기다리라

자녀들에게 경건 생활이나 일반적인 사명과 특별한 사명에 관해 가르칠 때, 아침에 학교에 보내거나 그날 해야 할 일을 가르쳐 줄 때, 하나님이 자녀들에게 총명을 주시고 그들이 해야 할 일을 훌륭하게 해낼 수 있는 능력을 주시기를 기다리라. 자녀들에게 지혜를 주시는 분은 하나님이시기 때문이다.

그러나 자녀들의 발전이 느리고 당신이 바라는 대로 따라오지 못하더라도 하나님이 그들을 이끌어 주시고 주님의 때에 그들에게 은혜를 베풀어 주실 것을 기다리라. 자녀들과 함께 고통을 짊어질 수 있는 용기를 얻게 될 것이며, 그들을 향한 인내심과 온유함도 갖게 될 것이다.

어린아이와 젊은이들이 매일 자기 일에 전력하면서 그들의 세대에 알맞게 하나님께 헌신하고 봉사할 수 있도록 하나님을 기다리게 하라. 당신이 사람들과의 관계에서 위안이 되며 이 세상에서 무언가 선한 일을 하기를 원한다면, 솔로몬 왕이 그랬던 것처럼 하나님께 지혜롭고 총명한 마음을 구하며 온종일 하나님을 기다리라. 그러면 키가 자라듯이 지혜가 더욱 자라서 하나님과 사람들에게 더욱 사랑을 받을 것이다.

자신의 일터에서 일할 때 하나님이 함께해 주시기를 기다리라

당신의 직업은 매일, 그리고 온종일 끊임없이 당신의 봉사를 요구한다. 일터를 지키라. 그러면 당신의 일터가 당신을 지켜 줄 것이다. 당신이 자신의 직업에 끊임없이 봉사하는 것처럼, 그 직업을 통해 끊임없이 하나님을 섬기라. 일터에서 일어나는 모든 일에서 하나님의 섭리를 살피라.

가게 문을 열 때는 '나는 지금 나의 의무를 다하고 있다. 하나님이 이 일을 통해 나에게 복 주실 것을 믿는다'라고 생각하며 문을 열라. 고객을 기다리는 동안에는 주님이 주신 이 직업을 통해서 해야 할 일이 무엇인지 하나님이 가르쳐 주시기를 기다리라. 손님이 오면 우연히 온 것으로 생각하지 말고 주님이 보내주신 것으로 생각하라. 그리고 그들에게서 얻은 이익은 주 하나님이 허락하신 것으로 생각하라.

물건을 사고팔 때 당신이 정직하게 거래하는지, 당신이 상대하는 사람에게 잘못하고 있지는 않은지, 하나님의 눈이 당신을 지켜보고 계심을 알라. 하나님은 농부뿐 아니라 상인에게도 가르치시며 갈 길을 지도하신다(사 28:26). 그러므로 선한 사람의 행사를 굳게 하신다는 약속과, 부요하게 하며 슬픔을 더하지 않으신다는 복을 믿으며 하나님을 기다리라. 정직하고 부지런히 일하는 가운데 기대할 수 있는 정직한 이익을 위해 하나님을 우러러보라.

당신이 하는 일이 무엇이든지, 시골에서 하는 일이든지, 도시에서 하는 일이든지, 바다에서 하는 일이든지, 단지 집안의 일을 할지라도 하나님을 의지하라. 당신의 손에 달린 일들이 어려움 없이 풀려나가도록 주님을 의지하고 하나님을 두려워하라. 그 결과 당신은 세상 일을 하면서 에워싸일 많은 유혹에 대처할 수 있도록 무장하게 될 것이다. 하나님을 앙망함으로써 당신은 수없이 닥쳐오는 근심과 부담감에서 자유하게 될 것이다. 감정이나 시간의 문제들을 초월해서 가장 바쁠 때도 하나님을 기다리고, 당신의 손이 세상 일로 가득할 때도 당신의 마음은 하나님과 함께하게 될 것이다.

책을 읽을 때 은혜 베푸시기를 기다리라

신앙 서적이든 필요한 양서이든 당신이 책을 손에 들 때, 그것이 유용한 것이 되도록 은혜 베푸시기를 기다리라. 어떤 사람은 하루의 많은 시간을 독서로 보낼 것이다. 누구라도 혼자 혹은 가족과 함께 성경을 읽지 않은 채 하루를 보내는 사람이 없기를 바란다.

독서하며 보내는 시간이 무용한 시간이 되지 않도록 주의하라. 무익하고 헛되며 이롭지 못한 것을 읽는다면 그렇게 될 것이다. 좋은 것을 읽더라도, 심지어 하나님의 말씀을 읽더라도 그것을 마음에 새기고 주의하여 자신에게 유익이 되게 하지 않는다면 그것도 마찬가지로 무익하다.

성경 말씀이 당신에게 진정으로 도움이 될 수 있도록 필요한 것들을 주시는 하나님을 기다리라. 그렇게 에디오피아의 내시가 병거를 타고 선지자 이사야의 글을 읽었을 때, 하나님은 즉시 그가 읽고 있는 것을 이해할 수 있도록 도와줄 사람을 보내주셨다(행 8:27-31).

당신은 때때로 옛 역사를 읽을지도 모른다. 역사를 접할 때도 하나님을 바라보라. 그는 이스라엘의 왕이시기 때문이다. 우리가 태어나기 이전의 세계를 다스리시고 그 안에서 교회를 보존하시며, 여전히 최선을 향해 역사하시는 주님의 지혜롭고 은혜로운 섭리를 바라보라.

식탁에 앉을 때 하나님을 기다리라

친구들 앞에서뿐 아니라 원수 앞에서도 당신에게 식탁을 베푸시고 준비하시는 그의 손길을 보라. 우리의 첫 조상인 아담에게 주시고 그 안에서 우리에게 허락하신 땅의 소산을 생각해 보라.

"내가 온 지면의 씨 맺는 모든 채소와 씨 가진 열매 맺는 모든 나무를 너희에게 주노니 너희의 먹을거리가 되리라"(창 1:29).

그 후에 하나님은 노아에게, 그리고 그 안에서 우리에게도 "모든 산 동물은 너희의 먹을 것이 될지라 채소 같이 내가 이것을 다 너희에게 주노라"(창 9:3)라고 허락하셨다. 이런 것들을 통해 하나님이 인류에게 얼마나 풍요롭게 은혜를 베푸시는가를 보고, 그를 앙망하라.

우리는 하나님의 영광을 위해 먹고 마셔야 한다. 그리고 먹을 때나 마실 때나 하나님을 기다려야 한다. 우리는 육체를 위해 영양분을 섭취하여 우리 영혼이 하나님을 섬기며 이 세상에서 그에게 영광 돌리기에 부족함이 없게 해야 한다. 평범한 은혜 안에서 주의 약속하신 사랑을 맛보며, 하나님이 주신 먹을거리들을 통해 창조주 하나님을 느낄 수 있어야 한다.

우리의 음식이 우리를 살찌우도록 하나님의 입에서 나오는 복의 말씀을 의지해야 한다. 만일 우리의 식량이 부족하다면 믿음으로 하나님의 약속 안에 굳게 서서 그 부족함을 채워야 한다. 무화과나무에 꽃이 피지 않고 가지에 열매가 없을지라도 우리를 구원하시는 하나님을 믿고 그 안에서 기뻐해야 한다.

친구를 방문하거나 친구가 방문했을 때 하나님을 기다리라

친구들을 주시고 그들과의 교제를 통해 위로를 얻게 해 주심에 감사하라. 당신의 거처가 광야도 아니고 외롭고 황량한 불모의 땅도 아닌 것에 감사하라. 자신의 집에서 안락함을 누릴 수 있을 뿐 아니라 자유롭게 대화를 나눌 수 있는 이웃들과 함께 지낼 수 있음을 감사하라. 사람들에게서 소외당하지 않고 당신의 존재가 그들에게 부담을 주거나 공포를 일으키지 않는 것에 감사하며 하나님을 사모하라.

우리에게 외출할 때 필요한 옷뿐만 아니라 치장을 위한 옷도 있다는 것은 하나님의 자비이다. 자만하지 말고 그 안에서 하나님을 보아야 한다. 하나님이 "패물을 채우고 팔고리를 손목에 끼우고 목걸이를 목에 걸고 코고리를 코에 달고 귀고리를 귀에 달고 화려한 왕관을 머리에 씌웠나니"(겔 16:11-12)라고 말씀하셨다. 당신을 위한 집과 가구가 있을 뿐만 아니라 친구들을 위해 연회를 베풀 수 있는 도구들도 있다는 것은 하나님의 자비이다. 그러므로 그 안에서 하나님을 인정해야 한다.

사람들과 교제를 나눌 때도 하나님이 지혜를 주시기를 구해야 한다. 그래서 우리가 함께 대화를 나누고 있는 사람에게 선을 베풀며 상처를 입히지 않도록 해야 한다. 우리의 말을 "항상 은혜 가운데서 소금으로 맛을 냄과 같이"(골 4:6) 하고, "더러운 말은 너희 입 밖에도 내지 말고 오직 덕을 세우는 데 소용되는 대로 선한 말을 하여 듣는 자들에게 은혜를 끼치게"(엡 4:29) 해야 한다. 우리의 입술이 많은 사람에게 즐거움을 줄 수 있도록 하나님을 기다리라.

자선을 베풀거나 구제할 때, 주께 하듯 하며 하나님을 기다리라

가난한 자들은 그리스도께 속해 있으므로 그리스도의 제자의 이름으로 그들에게 주라. 사람들의 칭찬을 얻으려고 행하지 말고 하나님의 영광을 위하여 올바른 눈과 정직한 마음으로 행하라. 그럴 때 당신의 자선과 기도는 고넬료의 것처럼 하나님 앞에 상달되어 기억하신 바 될 것이다(행 10:4). 당신이 다른 사람을 위해 베푼 선을 받으시며, 당신의 자선이 진정한 제물이 될 수 있게 해 달라고 하나님께 구하라(행 24:17). 그것이 향기로운 제물이 되어 하나님을 기쁘시게 하기를 바라라(빌 4:18).

우리가 베푼 자선 위에 하나님이 복을 주셔서 그것을 받은 사람이 평안할 수 있기를 바라라. 당신이 줄 수 있는 것이 비록 과부의 두 렙돈처럼 적은 것일지라도, 하나님이 복 주심으로 인해 과부의 집에 있는 통의 가루와 병의 기름이 없어지지 않은 것처럼(왕상 17:14) 큰 효력을 낼 수 있다.

당신이 선한 일을 위해 투자한 것을 하나님이 채워 주실 것이며, 의인들이 부활할 때 풍족하게 갚아 주실 것을 믿으라. 보상을 바라지 않고 베푼 선이지만 훗날에 그 선을 되찾게 될 것이다. 심지어 이 세상에서 살아가는 동안 돌려받을 수도 있다. 하나님의 약속에 따라 당신이 행한 선한 일을 하나님이 보상하시고 당신을 부요하게 하시는지 아닌지 유심히 관찰해 보라. 주님의 인자하심과 그가 하신 말씀의 신실하심을 이해하게 될 것이다.

세상의 소식을 알려 할 때, 하나님을 기다리라

당신은 이 세상에서 진정으로 주님 나라의 유익에 관심을 가지고 그것을 마음에 두어야 한다. 우리는 인류에 대한 연민, 특히 하나님의 백성의 생명과 영혼에 대한 연민을 가진 사람들이기 때문이다.

무슨 소식이 있는지 하나님께 물으라. 아테네 사람들처럼 헛된 호기심을 만족시키고 쓸데없는 소일거리를 하기 위해서가 아니다. 당신이 어떻게 기도하고 어떻게 찬양해야 하며, 소망과 두려움의 균형을 어떻게 맞춰야 하는지 알기 위해서다. 또 당신과 다른 사람들이 무엇을 해야 할지를 알고 이 세대에 대한 이해를 얻기 위해서다.

세상의 국면이 밝고 기쁘면 하나님이 자신의 일을 실행하시고 온전케 하시기를 기다리라. 사람의 지혜나 힘을 의지하지 말라. 만일 세상이 어둡고 절망적이라면 하나님이 그의 백성의 두려움을 제하시며, 그들의 힘이 다하였음을 보시고 그들을 위해 나타나시기를 기다리라.

교회가 크게 승리의 개가를 올리고 있을 때는 하나님을 기다릴 필요가 없다고 생각하면 안 된다. 또 큰 절망 중에, 모든 일이 극한 상황으로 치닫고 있을 때 하나님을 기다리는 것이 무익한 일이라고 생각해서도 안 된다. 피조물은 하나님 없이 아무것도 할 수 없지만, 하나님은 피조물이 없이도 무엇이든 하실 수 있기 때문이다.

여행을 갈 때 하나님을 기다리라

당신을 하나님의 보호하심에 맡기고 그의 보살피심에 자신을 의탁하라. 하나님이 천사들을 보내사 당신이 움직일 때 그들의 팔로 당신을 이끌며, 당신이 쉴 때 장막을 쳐 주시기를 바라라. 여행하는 동안 주위의 모든 안락함과 편리함을 누리면서 우리가 하나님의 선하신 섭리에 얼마나 많은 빚을 지고 있는지를 보라.

이 땅에서 우리는 아라비아 사막과 같은 황야를 방황하지 않고 안전하고 탄탄한 길로 다닌다. 전쟁의 공포 속에서도 안전하게 거할 수 있음은 주님의 은혜 덕분이다. 하나님이 창조하신 생물들이 우리에게 편의를 제공하고 있으며, 우리의 출입은 보호를 받는다. 해외로 나갔다가 추방되지 않고 고국에 돌아올 자유가 있으며, 고국에서도 갇혀있지 않고 자유롭게 해외에 나갈 수 있는 것은 모두 주님의 은혜다.

그러므로 출발할 때 "주여, 제가 가는 곳에 함께 가소서" 하며 하나님을 바라보아야 한다. 주님이 우리를 돌보심을 믿고 우리가 직면하는 모든 위험 속에서 주님의 격려를 받으며, 그의 보호하심 아래에서 여행해야 한다. 또 돌아올 때는 주님의 선하심을 입은 우리의 모든 뼈가 이같이 말해야 할 것이다.

"주여, 주와 같으신 이 누구입니까? 주가 우리의 모든 뼈를 보호하셔서 그중에 하나도 꺾이지 않았습니다."

홀로 한적한 시간을 보낼 때 하나님을 기다리라

들판을 거닐거나 홀로 방 안에서 쉬면서 한가로운 시간을 갖게 될 때도 하나님을 기다리며, 자신의 마음과 대화를 나눌 때도 주님과의 교제를 유지해야 한다. 홀로 있게 되었을 때도 우리는 혼자가 아니다. 하나님 아버지가 우리와 함께 계시고, 우리는 그와 함께 있어야 한다.

그런데, 홀로 있을 때 우리에게 유혹이 다가온다. 사탄은 주님이 광야에 홀로 계실 때 유혹의 손길을 뻗쳤다. 우리도 주님처럼 그 유혹에서 자신을 지켜야 한다. 그런 시간을 이용할 줄 안다면 경건하고 거룩한 묵상의 기회로 삼을 수 있다. 그 시간은 하나님과 교제하기에 가장 좋은 시간이 될 것이며, 혼자 있을 때가 그 어느 때보다 외롭지 않을 것이다.

우리가 일과 사람들에게서 벗어나 혼자 조용히 있을 때 바로 이 기술을 사용해야 한다. 한가한 순간들을 하나님에 대한 경건한 묵상과 거룩한 생각으로 채워야 한다. 남아 있는 시간의 조각들을 모아서 한 순간도 헛되지 않게 종일 하나님을 기다려야 한다.

2. 온종일 하나님을 기다리며 그와 교제하는 삶을 살라

하나님의 눈이 항상 당신을 향하고 있다

윗사람과 함께 있을 때, 그들이 우리를 바라보고 있다면 우리도 그들을 바라보아야 한다. 하물며 언제나 우리를 바라보며 살피고 계신 하나님을 우리가 바라보아야 하지 않겠는가?

그는 우리 마음의 모든 움직임을 살피시며, 우리의 마음이 그를 향해 움직일 때 기쁨으로 바라보시는 분이다. 그러므로 우리는 언제나 하나님을 우리 앞에 모셔야 한다.

종들은 다른 때는 부주의하더라도 주인의 눈이 살피고 있을 때는 자기 자리에서 대기하며 일에 열중한다. 그러나 우리는 눈가림으로 주인이 지켜보는 동안만 열심히 일할 수 없다. 주인이 지켜보지 않는 때를 결코 기대할 수 없기 때문이다.

우리가 섬기는 하나님은
우리의 모든 것을 결산하는 분이시다

우리의 모든 것, 심지어 우리 마음의 생각과 의도까지도 우리의 결산을 받으실 자의 눈앞에 벌거벗은 것같이 드러나게 된다 (히 4:13). 우리는 그와 함께해야 할 일과 함께해야 할 말이 있다.

그는 우리에게 하실 말씀이 있고 우리 또한 그에게 드릴 말씀이 있다. 성경에서 말하듯이 우리는 하나님께 결산할 것이 있다. 주님과 우리 사이에는 계산서, 즉 연속적인 거래 계좌가 있다. 우리 한 사람 한 사람은 자신이 육체로 행한 모든 일에 대해 곧 결산해야 하므로 주님을 기다려야 한다.

이 모든 것은 결산해 주실 그리스도의 보혈 안에서 주님과 우리 사이에 날마다 이루어져야 한다. 우리가 매일 하나님과 얼마만큼의 관계를 맺고 있는지 생각해 보라. 그러면 더욱 부지런하게 한결같이 주님을 섬기게 될 것이다.

우리가 기다리는 하나님은
우리에게 은혜 베풀기를 기다리신다

하나님은 언제나 복과 인자하심을 두르시고 우리에게 선을 행하시며, 날마다 우리를 은총으로 채워 주신다. 우리가 위험할 때 돌보시고, 궁핍할 때 풍요롭게 채우시며, 슬플 때 위로해 주시는 것을 잊지 않으신다. 우리의 출입을 지키시며, 때를 따라 우리를 구원하시고 도우신다.

"여호와께서 너의 출입을 지금부터 영원까지 지키시리로다"(시 121:8).

주의 성산에서 보이시며, 하나님의 선하심을 베풀기 위해 온종일 우리를 기다리신다. 그의 선하신 은혜는 필요할 때마다 우리를 도우시며, 무슨 일이 일어날 때마다 우리를 강건케 하시려고 하루 종일 우리를 기다리신다.

하나님이 이처럼 우리에게 선을 베푸시려고 다가오시는데, 우리가 주님을 기다리는 일을 게을리하며 뒷걸음질을 해야겠는가?

우리가 하나님을 섬기면
그의 거룩한 천사들이 우리를 섬길 것이다

천사들은 모두 섬기는 역할을 맡고 있으며, 구원의 상속자가 될 사람들의 유익을 위해 봉사하는 일을 한다. 그들은 우리가 알고 있는 것보다 훨씬 더 좋은 일들을 우리에게 매일 해 준다.

거룩한 천사들의 섬김을 받으며 그들의 팔로 보호받고, 그들이 친 장막에 둘러싸이는 것이 얼마나 큰 영광이며 특권인가! 악한 영들의 악의에 맞서 싸우는 착한 영들의 돌봄은 얼마나 안전한가! 온종일 하나님을 기대하는 모든 사람에게는 이러한 영광이 있다.

하나님과 교제하며 끊임없이 주님을 기다리는 생활은
땅 위의 천국이다

하나님과 교제하며 끊임없이 주님을 기다리는 삶은 이 땅 위의 천국이다. 하늘에 있는 이들이 언제나 하나님의 얼굴을 바라보는 것처럼 하늘의 일을 하는 것이며, 하나님의 뜻을 행하는 것이다. 또한 하늘의 복에 대한 확실한 보증이고 준비이며, 전조다. 천국에서 주님을 바라보는 것이며, 그곳에서 하나님과 교제하는 것이다.

우리는 구세주이시고 목자이신 주님을 바라봄으로써 우리 마음이 그곳에 있음을 분명히 하게 된다. 그리고 우리도 곧 그곳에 가게 되리라는 기대의 좋은 근거를 갖게 된다.

3. 온종일 하나님을 기다리는 방법들을 사용하라

모든 피조물을 만드시고 베푸신
주님의 지혜와 능력과 선하심을 보라

모든 피조물 가운데서 하나님을 발견하라. 그것을 만드시고 그 자리에 두신 주님의 지혜와 능력을 보라. 그것들을 우리에게 유용하게 하신 주의 선하심을 보라. 주위를 둘러보고 기이한 많은 일과 당신을 위로해 주는 많은 것을 보라. 그것들과 함께, 존재의 근원이 되시며 모든 좋은 은사를 내려 주시는 주님 앞에 나아가라. 모든 샘물은 주 안에 있으며 그에게서 그 샘이 흐른다. 모든 피조물이 우리를 섬기므로 우리는 주님을 섬겨야 한다.

이처럼 피조물들을 볼 때 우리의 영혼은 하나님께 감사하게 된다. 주님이 하신 모든 일이 그를 찬양하고 있으므로 주의 성도들도 계속해서 주님을 찬양할 이유를 갖게 된다.

경건한 옛 유대인들은 피조물에서 어떠한 기쁨을 얻든지 그 영광을 하나님께 돌리는 것이 관습이었다. 그들은 꽃향기를 맡을 때 "이 향기로운 꽃을 만드신 하나님을 찬양합니다"라고 했다. 빵 한 조각을 먹을 때도 그 빵으로 사람의 몸을 강건케 하시는 주님을 찬양했다. 그러므로 우리도 주님의 은혜로우심을 맛보며 그의 풍요로운 가슴에서 만족함을 얻을 때마다 어린아이가 어머니의 가슴에 안겨 있는 것처럼 끊임없이 주님을 의지해야 한다.

하나님이 함께하시지 않으면
모든 피조물이 아무것도 아님을 알라

이 세상과 그 안에 있는 모든 즐거움이 허무하고 무의미하며, 우리를 행복하게 하기에는 전적으로 불충분하다는 것을 인식하라. 그것을 인식할수록 우리는 하나님께 더욱 가까이 나아가며 더욱 친밀한 교제를 갖게 될 것이다. 보이는 것에서 헛되이 찾던 만족을 영혼의 아버지인 하나님 안에서 찾으라.

빈손으로 떠날 줄을 분명히 알면서도 피조물의 문 앞에서 그들의 비위를 맞추는 것은 얼마나 어리석은가? 허탄한 것들로부터 무엇을 기대할 수 있는가? 그런데 왜 그것들을 주목하고 우리 자신의 은혜로운 일은 소홀히 하는가? 소망의 원천이시자 만세 반석이신 분이 있는데 왜 부러진 갈대를 의지하는가? 기쁨의 근원이신 하나님의 온전하신 위안이 있는데 무엇 때문에 깨진 물탱크에서 물을 길어 내겠는가?

주 예수 그리스도를 믿는 믿음으로 살라

하나님은 그의 아들을 통해서 우리에게 말씀하시고 또 들으신다. 그러므로 우리는 중보자이신 예수님을 통하지 않고는 어떠한 확신으로도 하나님을 기다릴 수 없다. 공의로우신 하나님과 연약한 죄인들 사이의 모든 것은 두 팔을 벌리고 계신 그분의 손을 통과해야만 한다. 우리가 하나님께 드리는 모든 기도와 하나님이 우리에게 베푸시는 모든 은혜가 그 손을 통한 것이다.

하나님이 우리의 얼굴을 보실 때 예수님의 얼굴을 통해서 보시며, 우리가 하나님의 빛나는 영광과 은혜를 바라볼 때도 마찬가지로 예수님의 얼굴을 통해서 본다. 따라서 우리가 하나님께 가까이 가며 기도에 성공하는 일은 오직 그리스도로 인해 가능하다. 그러므로 우리는 그의 의로우심과 그의 유일하심을 고백해야 한다.

이처럼 우리는 늘 주님 앞에 나아감으로써 온종일 하나님과 더불어 생활해야 한다. 그리고 언제나 우리를 위해 하나님 앞에 나아가 우리를 소개할 준비를 하고 계신 주님을 늘 의지해야 한다.

자주, 간절하게 거룩한 절규를 하라

하나님을 기다리는 가운데 우리는 자주, 모든 때에 그에게 기도해야 한다. 정식으로 기도할 수 없을 때는 급하게라도 기도하라. 정직한 마음이라면 받아 주실 것이다. 다윗도 이처럼 온종일 하나님을 기다렸다.

"여호와여 나의 영혼이 주를 우러러보나이다"(시 25:1).

나의 영혼이 주께 달려가며 나의 호흡이 주를 따르겠다고 고백하라. 이 거룩한 절규를 통해 우리는 죄사함을 구해야 한다. 부패를 이길 힘을 주시고 유혹을 이기게 해 달라고 간구해야 한다. 그 간구는 절대 헛되지 않을 것이다. 항상 쉬지 않고 기도하라는 것이 바로 이것이다. 하나님은 기도의 방법이나 사용하는 언어를 보시지 않고, 기도하는 마음이 얼마나 진지한가를 보신다. 그러므로 주님은 비록 짧고 말로 표현할 수 없는 탄식일지라도 진실한 기도를 받으실 것이다.

매일이 마지막 날이 될지도 모른다고 여기라

우리가 생각하지 못하는 시간에 인자가 오신다. 그래서 우리는 어느 날에도 그날 밤까지 살아 있을 것을 확신할 수 없다. 또 갑자기 목숨을 잃어버리는 사람도 많다. 그러므로 우리는 모든 거룩한 교제와 경건함 가운데 살아야 한다. 이날이 마지막 날이라고 말할 수는 없어도, 우리는 분명 마지막 날인 것처럼 살아야 한다. 최소한 그럴지도 모른다는 생각으로 살아야 한다. 더구나 우리는 조만간 주님이 오실 것을 알고 있으므로 더욱 주님을 기다리는 일에 힘써야 한다. 연약해서 죽어가는 피조물들은 오직 살아 계신 하나님만을 앙망해야 하기 때문이다.

죽음은 우리 모두를 하나님께로 데려가서 그분 앞에서 심판을 받게 한다. 또한 모든 성도를 하나님께 데려가 그분을 보고 기뻐하게 한다. 우리가 섬기며 더 깊은 교제를 갖고자 하는 하나님이 바로, 우리가 죽은 후 쏜살같이 다가가 영원히 함께하게 될 그분이다. 우리가 죽음에 대해 더 많은 생각을 한다면 우리는 하나님과 더 깊이 사귀게 될 것이다.

우리가 날마다 죽어가고 있다는 사실은 날마다 주님을 섬겨야 할 좋은 이유가 된다. 언제 어디에서 죽음을 만나게 될지 모르기 때문에 늘 하나님 곁에 있어야 한다. 이것이 죽음의 성격을 바꾸어 줄 것이다. 하나님과 동행했던 에녹은 죽음을 보지 않았다고 전해진다.

"에녹이 하나님과 동행하더니 하나님이 그를 데려가시므로 세상에 있지 아니하였더라"(창 5:24).

그러므로 우리는 죽음과 무덤의 반대편에 서게 될 것이다. 매일같이 그리고 온종일 하나님을 앙망할 때 우리는 하나님과 교제하는 위대한 신비를 더욱더 체험하게 될 것이다.

우리의 마지막 날은 우리의 최고의 날이 될 것이고, 마지막 일은 최고의 일이 될 것이며, 마지막 위안은 가장 달콤한 위안이 될 것이다. 이것을 생각하며 선지자의 충고를 받아들이라.

"그런즉 너의 하나님께로 돌아와서 인애와 정의를 지키며 항상 너의 하나님을 바랄지니라"(호 12:6).

Part 3.

하루를 기도로 마치라

"내가 평안히 눕고 자기도 하리니 나를 안전히 살게 하시는 이는 오직 여호와이시니이다"(시 4:8).

이 말씀은 비유적으로 우리 영혼이 하나님의 은혜를 확신하면서 안식을 취한다고 해석할 수 있다. 또는 문자 그대로 하나님의 보호하심 가운데 우리의 육체가 휴식하는 것으로 이해할 수도 있다. 나는 성경의 의미를 해석하는 데 충분한 여지를 두는 것을 좋아하기 때문에 이 두 가지를 유사한 것으로 본다.

시편 기자가 가장 사모했던 하나님의 은총

시편 기자는 무엇보다 하나님의 은총을 가장 사모하며 그것을 선택했다. 자신을 하나님의 은총에 의탁하며 그가 한 선택에 큰 만족감을 표현했다.

그는 많은 사람이 "우리에게 선을 보일 자 누구뇨"(시 4:6)라고 헛된 질문을 하며 끊임없이 불안해하고 허무한 것을 위해 자신을 지치게 하는 모습을 보고 "여호와여 주의 얼굴을 들어 우리에게 비추소서"(시 4:6)라고 기도하며, 그 자신을 하나님의 선하신 뜻에 전폭적으로 의탁했다. 그리고 그는 온전한 평안을 얻었다.

하나님의 은총 없이는 어떠한 선도 우리에게 유익하지 못하다. 그러나 하나님의 은총은 세상의 도움 없이도 충분하다. 달과 별, 세상의 모든 불과 촛불은 태양 없이는 세상을 밝힐 수 없지만, 태양은 그 모든 것이 없어도 세상을 밝힐 수 있다. 그래서 다윗은 "내 영혼아 네 평안함으로 돌아갈지어다"(시 116:7)라고 고백했으며, 성도들도 그 고백에 동의한다. 노아의 비둘기가 온 지면에 물이 있어 쉴 곳을 찾지 못하고 그리스도를 상징하는 방주로 돌아와 노아('휴식'을 의미한다)에게 온 것처럼 말이다.

하나님이 그의 얼굴을 들어 우리에게 비춰 주시면, 이것이 우리에게 그들의 곡식과 새 포도주가 풍성할 때보다 더한 기쁨이 된다(시 4:7). 그래서 우리는 "내가 평안히 눕고 자기도 하리니"(시 4:8)라고 고백하며 하나님이 주시는 안식을 얻는다. 하나님은 나의 하나님이시므로 나는 기뻐하고 만족하며, 더 이상 다른 것을 찾거나 바라지도 않고 믿음 가운데 안전하게 거한다. 또한 주의 빛 가운데 걸어갈 때 부족함이 없고 궁핍함을 느끼지 않는 것처럼, 악에 대해서도 두려움이 없고 어떠한 위험도 느끼지 않는다. 주 하나님은 나에게 빛을 비추시며 위로를 주시는 태양이시며, 나를 보호하고 방어해 주는 방패이시기 때문이다.

그러므로 하나님의 은총을 확신하는 자들의 마음은 평안과 안전을 누리며, 또한 그것을 추구한다. 이사야 32장 17절의 귀한 약속의 말씀에는 이 두 가지가 결합해 있다. "공의의 열매는 화평이요 공의의 결과는 영원한 평안과 안전이라." 선을 행할 때 만족이 있으며, 그 의의 결과는 영원한 평안과 안전이다. 즉 선을 행할 때 평안이 있고 악에서 자유할 때 안전이 있다.

거룩한 평안은 하나님이 은혜로 주신 복의 열매다

"내가 평안히 눕고 자기도 하리니"(시 4:8). 우리가 하나님의 진노 가운데 있거나 그의 은총에 의심을 품는다면 어떻게 기쁨을 맛볼 수 있겠는가? 이런 큰 문제가 해결되지 않는다면 그 영혼에 만족이 있을 수 없다.

주님과 당신 사이에 해결되지 않은 문제가 있는가? 그 문제가 해결될 때까지는 당신의 눈을 잠들게 하지 말고 눈꺼풀을 감기게 하지 말라. 그리고 곧 가서 가장 좋은 친구이신 주님께 겸손히 간구하여 스스로 구원하라(잠 6:3-4).

당신이 주님과 화평하고 주님이 용납하신다는 증거가 있다면, 세상에 속한 사람이 어리석고 근거 없이 말했던 것을 당신은 현명하고도 정당하게 말할 수 있다.

"영혼아 여러 해 쓸 물건을 많이 쌓아 두었으니 평안히 쉬고" (눅 12:19).

당신의 죄는 용서받았는가? 그리고 당신은 그리스도의 중보에 관심이 있는가? 하나님이 그리스도 안에서 당신을 용납하시는가? 이제 당신의 영혼 속의 걱정을 가라앉히고 평온함을 일으키라.

"너는 가서 기쁨으로 네 음식물을 먹고 즐거운 마음으로 네 포도주를 마실지어다"(전 9:7).

하나님은 우리의 하나님이 되시기로 약속하셨으므로 우리는 부족함 없이 모든 것을 가졌다. 은혜를 입은 영혼이 설령 하나님께 무엇을 더 구한다고 해도 그것은 결코 하나님보다 더 앞서지 않는다. 우리 영혼은 주님 안에서 온전한 만족감으로 안식을 얻는다.

우리가 주님의 인자하심에 만족하기만 하면 우리는 주님 안에서 평안한 쉼을 얻는다. 피곤한 심령은 그 안에서 상쾌하고, 슬픈 심령은 만족하며, 굶주린 자는 가장 좋은 것으로 채워질 것이다(렘 31:25). 그리고 충분히 채워지면 그들은 쉼을 얻되 영원한 쉼을 얻게 될 것이다. 그들의 잠은 달콤할 것이다.

거룩한 안전은 하나님이 은혜로 주시는 또 다른 복의 열매다

주님은 우리를 안전히 거하게 하신다. 주님이 얼굴을 들어 우리에게 비추실 때 우리는 주의 은혜로 보호하심을 받아 안전하다는 것을 알고 평안할 것이다.

"주는 의인에게 복을 주시고 방패로 함같이 은혜로 그를 호위하시리이다"(시 5:12).

"군대가 나를 대적하여 진 칠지라도 내 마음이 두렵지 아니하며… 여전히 태연하리로다"(시 27:3).

주님이 우리에게 약속하신 모든 것을 믿으면, 주의 길을 갈 때 어떤 어려움이나 위험을 만난다 해도 주님의 약속이 우리를 보호할 것이다. 해를 받지 않게 할 것이며, 우리를 구원하기에 충분할 것이다.

그러므로 땅이 변한다고 해도 우리는 두려워하지 않을 것이다(시 46:2-3). 주님이 우리와 함께하시고 주의 지팡이와 막대기가 우리를 안위하시니 사망의 음침한 골짜기를 다니거나 험악한 세상을 다닌다고 해도 해를 두려워하지 않을 것이다(시 23:4).

부자가 그의 재물을 그의 견고한 성이자 높은 성벽같이 여기는 것처럼(잠 18:11), 의로운 자들의 하나님은 그들에게 견고한 망대가 되신다(잠 18:10).

"전능자가 네 보화가 되시며 네게 고귀한 은이 되시리니"(욥 22:25).

죄악의 길에서 안전을 구하며, 헛되고 세속적인 마음에 사로잡혀 있으면서도 평화롭다고 외치는 것보다 더 위험한 것은 없다. 죄를 짓고도 편안한 자는 두려워 떨어야 마땅하다. 이 세상과 이 세상의 약속 위에 세워진 안전보다 어리석은 것은 없다. 그것은 모두 헛되며 거짓된 것이기 때문이다.

그러나 어떠한 악의 세력도 선을 이루는 의로운 백성을 덮치지 못한다는 것을 안다. 그리고 계속해서 하나님을 왕으로 섬기며 충성할 때, 모든 악의 세력을 대항할 수 있는 전능하신 하나님의 보호하심을 받는다는 것도 안다. 그러므로 의로운 백성이 공의로우신 하나님의 약속 위에 굳게 서서 악의 세력을 두려워하지 않는 것만큼 합당하며 유익이 되는 것은 없다.

만일 하나님이 우리와 함께하시면 누가 우리를 대적하겠는가? 이러한 안전은 심지어 이방인들 중에서도 정직하고 덕이 있는 사람이라면 모두 받을 자격이 있다거나, 이 세상이 큰 소동을 일으키며 산산조각이 난다 해도 그 폐허 더미에서 실종될 것을 두려워할 필요가 없다고 여겨졌다. 선하신 주님과 그의 인자하심을 따른다면 어떤 것도, 어떤 사람도 우리를 해하지 못할 것이다. 그러므로 언제나 정직하게 사는 그리스도인이라면 안전의 권리를 주장할 더욱 타당한 이유 두 가지가 있다.

첫째, 평안과 만족을 누리는 것은 의로운 자들의 특권이다. 거룩한 평안과 안전은 의로운 자들에게 허락된 것이다. 하나님은 그들을 유쾌하게 하신다. 아니, 그것은 그들에게 약속되었다. 하나님은 그의 백성과 성도들에게 화평을 말씀하시고 기쁨과 화평으로 채우신다. 그의 평안이 그들의 마음과 생각을 지키며 그들이 안전하고 요동치 않게 지켜 주실 것이다.

그러나 이 약속된 평안과 안전을 얻는 데는 특정한 방법이 있다. 성경 말씀이다. 성경은 성도들의 기쁨을 충만하게 하고 인내하게 하며, 말씀의 위안으로 소망을 갖도록 기록되었다. 또한 예배는 구원의 샘이며, 그곳에서 기쁨으로 물을 길을 수 있게 하려고 제정되었다. 그리고 목회자들은 성도들의 위로자가 되며, 성도들이 기쁨을 얻도록 돕기 위해 기름 부음을 받았다.

이처럼 하나님은 "약속을 기업으로 받는 자들에게 그 뜻이 변하지 아니함을"(히 6:17) 충분히 나타내시고, 그들에게 "큰 안위를 받게"(히 6:18) 하셨다.

둘째, 안전과 평안을 추구하며 그것을 얻기 위해 올바른 수단을 사용하는 것은 의로운 백성의 의무다. 사탄이 주는 불안한 제안이나 마음속에서 일어나는 괴로운 의심과 두려움에 꺾이지 말라. 조용히 자신을 돌아보고, 불신하는 자신을 꾸짖어 믿게 하며, 하나님 안에 소망을 두는 것을 배우라. 그리고 하나님을 찬양하라. 당신이 어둠 속에서 자신에 대해 염려하고 있을 때, 바울이 탄 배의 사공들이 그랬듯이 닻을 내리고 낮이 오기를 기다리라.

폭풍에 시달리며 평안을 얻지 못하고 떨고 있는 가엾은 그리스도인들이여, 평화롭게 누워 잠을 청하라. 바람과 파도도 순종하는 주의 이름 안에서 조용하고 평안하게 마음을 가라앉히고, 요동치는 생각에 "평안하라! 잠잠하라!"라고 명령하라. 주님이 사랑하시는 제자들처럼 예수님의 품에 당신의 괴롭고 떨리는 머리를 두라.

만약 그렇게 주 앞에 나아갈 용기가 없다면, 주 예수님의 발 앞에 그 괴롭고 떨리는 마음을 쏟아 놓으라. 전적으로 복종하고 포기하면서 "죽으면 죽으리이다"(에 4:16)라고 말하라. 주님을 온전히 믿고 그의 손에 의탁하라. 그의 계획과 처분에 온전히 맡기라. 그는 그 괴로운 마음에 해 줄 말씀을 알고 계시기 때문이다.

만일 당신이 아직 그 안식에 들어가지 못했다면 하나님의 백성에게 남겨진 안식이 아직 약속의 땅에 있는 것으로 여기고, 조금 늦어지더라도 기다리라. "그런즉 안식할 때가 하나님의 백성에게 남아 있도다"(히 4:9)라는 말씀처럼 말이다. 그것은 정해진 때가 있으며 결국에는 이루어질 것이다. 의인들을 위해 빛이 비칠 것이며 결국에는 기쁨으로 수확할 것이다.

시편 기자가 밤이 속히 오기를 기다리는 사람들에게

시편 기자는 잠자리에 들면서 밤이 속히 오기를 기다리는 사람들에게 조언했다. 그는 하루의 일과를 마치고 피곤한 상태로 잠자리에 들면서, 의의 제사를 드리기 위해 밤이 속히 오기를 기다리는 사람들에게 다음과 같이 조언한다.

"너희는 떨며 범죄하지 말지어다 자리에 누워 심중에 말하고 잠잠할지어다 의의 제사를 드리고 여호와를 의지할지어다."
(시 4:4-5).

그러므로 이제 이 말씀을 가지고 방으로 가서 쉬라. "내가 평안히 눕고 자기도 하리니"(시 4:8)라는 말씀을 본문으로 택한 것은, 예수님이 "나사로가 잠들었도다"(요 11:11)라고 말씀하셨을 때 제자들이 그가 죽은 것이 아니라 잠들어 쉬는 것으로 생각한 것처럼(요 11:12-13), 이 말씀을 문자 그대로 생각해 보려는 것이다.

여기서 우리는 다윗이 잠자리에 들 때 했던 경건한 생각을 볼 수 있다. 그는 아침에 일어날 때 하나님과 함께했듯이 잘 시간이 되어 하루를 마치려 할 때도 마찬가지로 하나님을 묵상하며 그와 달콤한 교제를 나누었다.

　다윗은 원수들로 말미암아 고난과 핍박을 당할 때 이 시편을 썼던 것이 틀림없다. 아마도 앞에 나오는 시편과 마찬가지로 그의 아들 압살롬을 피할 때 썼을 것이다. 외적으로는 전투가 있었고 내적으로는 두려움이 있었던 것이 틀림없다. 그러나 그는 하나님이 보호해 주실 것을 확실히 믿으며 평상시와 마찬가지로 평온함과 기쁨을 가지고 잠자리에 든다.

　다윗은 원수들에게는 그를 대적할 능력이 없음을 알았다. 오직 하늘로부터 받은 권세가 있어야 하는데 그들에게는 그런 권세가 주어지지 않았으며, 있다 해도 하나님의 견제와 속박 속에 있는 것일 뿐이다. 또한 그들의 권세가 그에게 진정한 해를 끼칠 만큼 허락되지 않을 것이기 때문에, 그는 은밀한 장소인 지성소로 돌아가 전능하신 하나님의 그늘 아래 거하며 온전한 평안을 누린다.

　원수들의 공격은 세상적인 사람의 마음은 깨뜨릴 수 있지만 경건한 사람의 잠은 깨뜨릴 수 없다. 그러므로 다윗은 "내가 평안히 눕고 자기도 하리니"라고 말한다. 주님의 뜻은 이루어질 것이다. 여기에서 우리는 다음과 같은 것을 관찰할 수 있다.

하나님을 향한 믿음

다윗은 "나를 안전히 살게 하시는 이는 오직 여호와이시니이다"(시 4:8)라고 고백한다. 하나님이 나를 안전하게 하실 뿐만 아니라 내가 안전하다는 것을 알게 하시며 확신 가운데 거하게 하실 것이다. 이는 잠언 10장 9절의 "바른 길로 행하는 자는 걸음이 평안하려니와"라는 말씀과 같은 의미다.

다윗은 담대히 그의 길을 가므로 담대히 잠자리에 든다. 라이스 사람들처럼 부주의하게 행하며 염려 없이 거하는 것이 아니다(삿 18:7). 시온의 아들들은 그들이 절기를 지키는 시온성이 그들의 눈에 안정된 처소로 보일 때 평안히 거했다(사 33:20). 이처럼 다윗은 하나님 안에서 평안히 거한다.

본문 말씀인 "나를 안전히 살게 하시는 이는 오직 여호와이시니이다"(시 4:8)에서 주목할 만한 부분이 있다. 어떤 사람은 이 구절을 다윗이 이렇게 언급한 것으로 본다.

"내가 홀로 있고 나에게 조언해 줄 숨은 고문관도 없으며 나를 위해 싸워 줄 호위병도 없지만, 하나님이 나와 함께하시면 위험에 대해 불안해할 필요가 없다."

다윗의 자손이신 예수님은 모든 제자가 그를 버려 혼자 남게 되셨지만, 하나님 아버지께서 그와 함께 계시기 때문에 혼자가 아니라는 사실로 위안을 받으셨다. 연약한 사람들은 혼자 있는 것, 특히 어둠 속에서 혼자 있는 것을 두려워한다. 그러나 어느 곳에서나 하나님이 우리와 함께하심을 굳게 믿으며 모든 의로운 사람을 보호해 주시는 하나님의 보호하심을 믿을 때, 두려움은 사라지고 오히려 두려워한 사실을 부끄럽게 여기게 될 것이다. 하나님이 자신을 위해 우리를 특별한 백성으로 구별하심이 우리의 안전이 될 것이다.

예전에 노아가 그랬듯이 온전하게 홀로 남는 것이 우리의 안전이며 만족이 된다. 이스라엘 백성은 홀로 살 것이지만, 열방 중의 하나로 여김을 받지 않을 것이다(민 23:9). 그들이 어리석게 열방과 혼합되는 동안은 그 열방과 대항하여 싸울 것이며, 이스라엘은 홀로 안전히 거할 것이다(신 33:28). 이처럼 우리는 홀로 거하면 거할수록 더욱 안전하다.

이 말씀은 또한 그것을 하나님과 연관시킨다. "나를 안전히 살게 하시는 이는 오직 여호와이시니이다." 오직 주님만이 그렇게 하신다. 하나님이 그의 백성을 보호하실 때 때때로 어떤 도구를 사용하실 수도 있지만, 그는 아무런 도움도 필요하지 않으시다. 여자를 창조하는 일에 흙이 사용되었지만, 하나님은 그것을 사용하지 않고도 하실 수 있는 분이다. 다른 모든 피난처가 무너지더라도 주의 팔은 구원을 이루신다.

따라서 "여호와께서 그를 날이 마치도록 보호하시고 그를 자기 어깨 사이에 있게"(신 33:12) 하심은 당연한 일이다. 그런데 그것이 전부가 아니다. 나는 주님만을 의지함으로 평온하고 안전하다고 여긴다. 내 옆에 많은 군대가 있기 때문이 아니라 내 옆에 오직 주의 군대가 있기 때문이다.

나를 안전히 거하게 하시는 분은 여호와이시다. 주님은 뒤에 서나 앞에서나, 혹은 그 어느 쪽에서든 나를 지키고 보호해 주시며 종일토록 나를 안전히 거하게 하신다. "낮의 해가 너를 상하게 하지 아니하며"(시 121:6). 이는 받은 은혜에 감사하는 표현이다. "밤의 달도 너를 해치지 아니하리로다"(시 121:6). 이는 더욱 많은 인자하심을 베풀어 주시기를 의탁하는 표현이다. 우리는 이 두 가지를 모두 해야 한다. 그래서 어제나 오늘이나 영원토록 동일하시며, 우리를 구원하셨고 구원하시며 구원하실 하나님을 늘 바라보아야 한다.

평안함

"내가 평안히 눕고 자기도 하리니"(시 4:8).

이 세상에서 곡식과 포도주가 풍성해서 많은 부귀와 쾌락을 누리는 자들은, 보아스처럼 곡식단 더미 곁에 누워 만족스럽게 잠이 든다(룻 3:7). 그러나 다윗은 그들처럼 가진 것이 없어도 그들과 마찬가지로 평안히 누워서 잘 수 있다. 우리는 그가 눕는 것과 자는 것을 연결해서 볼 수 있다. 그는 편히 쉬려는 자들처럼 누울 뿐만 아니라 정말 그런 자들처럼 잠을 잘 것이다. 어떤 사람은 하루 동안의 일로 너무 지쳤기 때문에, 잠을 방해하는 많은 생각에서 벗어나 눕자마자 곧 잠이 든 것이라고 말하기도 한다.

이제 우리는 이 말씀을 우리의 입술에 담아야 한다. 우리가 밤에 휴식을 취하려 할 때 마음의 평정을 얻어야 한다. 온종일, 특히 밤이 다가올 때 우리 자신을 관리하는 데 주의하여 저녁 제사를 드리기에 부적합하거나 부족함이 없도록 해야 한다. 쾌락을 즐기는 사람들처럼 과음과 과식에 짓눌리지 말아야 하며, 사업하는 사람들처럼 이생의 걱정과 염려로 우리의 마음이 짓눌리지 않아야 한다.

　우리는 매일의 일을 잘 마칠 수 있도록 우리의 생각과 시간을 통제해야 한다. 이것이 우리 인생의 업적을 잘 끝마칠 수 있다는 확실한 보증이 된다. 끝이 좋아야 다 좋은 것이다.

> **point**
> 하나님과 더불어 하루를 시작하고 온종일 그를 기다리며, 그와 더불어 하루를 끝맺도록 노력해야 한다.

　하나님과 더불어 합당하게 하루를 마무리하는 일에 관해 설명할 때, 우리는 성경에 나오는 특정한 사람들의 예를 들 수 있다. 이 경우 다윗의 예를 드는 것보다 더 적합한 방법은 없을 것이다.

01

쉬어야 하는 시간, 저녁

인간은 양식뿐만이 아니라 휴식도 필요하다. 사람은 일과 노동을 위해 밖으로 나가 이리저리 뛰어다니지만, 그것은 저녁때까지이며 그 이후에는 누워야 한다.

이스보셋은 한낮에 낮잠을 자다가 그 자리에서 죽임을 당했고(삼하 4:5-6), 다윗도 저녁때 그의 침상에서 일어나 죽음보다도 더 나쁜 죄를 저질렀다(삼하 11:2). 우리는 낮 동안에 우리를 보내신 분의 일을 해야 하고, 밤이 오면 누워야 한다. 밤은 눕기에 합당하고 적합한 때다. 아무도 일할 수 없다. 스바냐 2장 7절에 이것이 약속되어 있다. 그러므로 우리는 이 약속을 따라 쉬어야 할 시간에 쉬어야 한다. 불순한 이유로 행하는 어떤 이들처럼 낮을 밤으로, 밤을 낮으로 바꾸지 말아야 한다.

어떤 사람들은 이웃에게 악을 행하려고 잠자지 않고 일어나 있다. 그들은 살생하고 도적질하고 파괴하기 위해 낮에 표시해

두었던 집을 밤에 뚫는다(욥 24:16). 다윗은 원수들이 저물어 돌아와서 성을 두루 다닌다고 말했다(시 59:6).

악을 행하는 자들은 빛을 싫어한다. 반역자인 가룟 유다는 침상에 있어야 할 시간에 사람들과 무리를 지어 예수님을 찾고 있었다. 사악한 자들은 악한 꾀를 생각해 내는 데 심혈을 기울이며 거기에만 마음이 쏠려 있다. 심지어 그들은 악을 행하지 못하면 잠이 오지 않는다(잠 4:16). 이는 그들의 악함이 심각함을 말해 준다.

선을 행하기를 즐겨 하는 자들은 선을 추구하면서 만족감을 느끼지 못하는 것을 자신들의 수치로 여긴다. 그리고 다른 사람들이 악을 행할 기회를 찾으려고 자지 않고 일어나 있는 동안, "나는 평안히 누워 아무에게도 해를 끼치지 않겠다"고 말한다.

또 어떤 사람들은 세상과 세상의 부귀를 추구하면서 자지 않고 일어나 있다. 그들은 탐욕스러운 계획을 수행하려는 열망을 가지고 아침에 일찍 일어날 뿐만 아니라 늦게 눕는다(시 127:2). 또 돈을 벌거나 저축하기 위해 그들에게 가장 필요한 잠조차 자지 않는다.

그들이 걷는 이러한 길은 그들의 어리석음을 나타낸다. 그들은 단지 수단에 불과한 것을 더욱 많이 얻기 위해 염려하고 수고한다. 그래서 정작 궁극적인 목적인 평화로운 즐거움을 빼앗기고 있다.

솔로몬은 밤낮으로 자지 못하는 자(전 8:16), 자신들을 완전히 노예로 만드는 자, 세상의 고된 일에 몰두하는 자들보다 더 혹독한 감독자는 없다고 언급했다. 그들은 스스로 허무한 것들을 영혼의 고민거리로 삼으며, 헛된 일로 자신을 피곤하게 한다(합 2:13). 그들은 비참하게도 그러한 굴레를 사랑한다. 그래서 은혜의 하나님이 주신 영적인 안식뿐 아니라 자연의 하나님이 모든 사람의 영혼과 육체를 위해 주신 자연적인 휴식조차도 거절한다.

그러므로 우리는 이러한 어리석음을 보고, 썩어질 양식과 잠을 자지 못하게 하는 부의 축적을 위해 일하지 말아야 한다. 영원한 생명을 주는 양식과 우리의 잠을 달게 하며 영광을 기약하게 하는 은혜를 위해 일해야 한다.

또 다른 어떤 사람들은 쾌락을 만끽하느라 자지 않고 일어나 있다. 그들은 헛된 운동 경기와 오락, 음악, 춤, 도박, 카드, 노름을 떠나지 못해서 제시간에 잠자리에 들지 못한다. 더 나아가서는 밤중에 술에 취해 방탕하고 무절제한 행동에서 떠나지 못한다. 이러한 본능의 만족이나 공허한 마음이 저녁 시간을 모두 삼켜 버리며, 나아가서는 온 정신을 빼앗아 버림으로써 무감각하게 행하게 한다.

저녁에 홀로 골방에서 혹은 가족과 함께 경건한 시간을 가질 여유나 마음의 여유가 없다면 이는 실로 개탄할 일이다. 더구나 한밤중까지 이런 행위를 지속한 결과 다음 날 아침에 주님께 예배하는 시간마저 잃는다면 이는 더욱 악한 일이다.

그들은 쾌락을 즐기기 위해서 부정하고 어리석은 잡담과 유익하지 못한 농담들로 시간을 보내며 밤늦게까지 앉아 있곤 한다. 그런데 만일 그들이 좋은 일을 위해 잠자는 시간을 30분이라도 침해당한다면, 그들은 정당하지 못한 처사라고 생각할 것이다.

바울 사도가 밤중까지 강론을 계속했을 때(행 20:7), 아마도 그들은 그를 말이 많은 설교자라고 부르며 매우 무분별하다고 비난했을 것이다. 또 다윗이 한밤중에 일어나 하나님께 감사하거나 밤새도록 하나님께 기도하며 보냈다면 그들은 다윗에 대해 얼마나 진저리를 쳤겠는가!

이같이 우리 안에서 흘러나와 죄를 범하게 하는 부패한 감정을 억제하고, 만족시키지 말자. 그러한 불규칙한 생활을 했던 사람들은 편견 없는 비판에 자신이 노출될 때 불편함을 겪지 않을 수 없다. 영혼이 잘되는 것에 대해 편견을 가졌던 사람들도 자신의 유익을 위해 자신을 부인하지 않으면 안 된다.

하루를 잘 끝맺기 위해 필요한 한 가지 규칙은 매시간을 선하게 사용하는 것이다. 모든 것은 적당한 시기에 아름답게 느껴진다. 오래전부터 내려오는 말 가운데 다음과 같은 말이 있다.

"일찍 잠자리에 들고 일찍 일어나는 것이 건강하고 부요하며 현명하게 되는 길이다."

이제 우리는 사업상 꼭 필요한 일이나 자선을 베푸는 일, 혹은 특별한 종교 행사로 늦게까지 있는 경우를 제외하고는 제시간에 자리에 눕는 것을 당연하게 받아들여야 한다. 하나님께 감사하는 마음으로 그날에 지은 죄를 뉘우치고, 그날 밤에도 자비를 베풀어 주시길 간구하면서 자리에 눕자.

하나님께 감사하면서 자리에 눕자

침실에 들어가 쉴 때마다 우리에게 자비를 베푸시는 하나님께 경배하고, 잠자리에 들 때마다 하나님을 찬양해야 한다. 우리 마음에 부족함이 없으면 찬양하는 일에도 부족함이 없을 것이다. 그러므로 그 자체가 보상이 되는 기쁜 일을 생각해 보자. 저녁 제사는 찬양의 제사가 되어야 한다.

하루 동안 받은 많은 자비로움으로 인해 감사해야 한다

특히 그것들을 다시 생각해 보며 "날마다 주의 자비로 우리를 채우시는 주님을 찬양합니다"라고 말해야 한다. 하루라도 중단하거나 어기지 않고 한결같이 베푸시는 주의 자비하심을 관찰해 보라. 어떤 날에는 현저하게 특별한 자비를 베푸신 것도 관찰해 보라. 우리에게 생명을 허락하시고 은총을 베푸시는 분이 주님이시며, 우리의 영혼을 보호하시는 분도 주님이시다.

우리에게 다가올 줄 알았지만 구출되었던 재난, 전혀 생각지도 않았던 재난, 우리가 받아야 마땅한 재난, 우리보다 나은 사람들도 당하고 있는 재난 등 우리가 날마다 얼마나 많은 재난으로부터 보호받고 있는지 생각해 보라. 우리의 모든 뼈는 "여호와여, 주와 같으신 분이 누구입니까?"라고 말해야 한다. 우리의 모든 뼈를 보호하시는 분은 하나님이시며, 그 모든 뼈 중에 부러진 것이 하나도 없으니 말이다. 우리가 소멸하지 않은 것은 주님의 자비 때문이다.

날마다 당신이 얼마나 많은 위로를 받고 있는지 생각해 보라. 이 모든 것은 하나님의 관대하신 섭리에 힘입은 것이다. 우리가 먹고 마시는 모든 것이 하나님의 자비이며, 우리가 내딛는 모든 발걸음, 내쉬는 모든 호흡도 주님의 은혜다.

사람들과 관계를 맺으며 호감과 사랑을 받는 데서 얻는 만족, 친구들과 교제하며 서로 돕는 가운데서 누리는 즐거움, 우리의 직업을 통해 이룬 모든 성공과 기쁨으로 인해 우리는 감사함으로 하나님을 찬양해야 한다. "스불론이여 너는 밖으로 나감을 기뻐하라 잇사갈이여 너는 장막에 있음을 즐거워하라"(신 33:18)라고 말씀하신 것처럼 우리에게는 하나님을 찬양하며 감사해야 할 이유가 있다.

그런데 우리에게 고통스러운 일이 전혀 없이 지나가는 날은 없다. 무언가가 우리를 괴롭히고 실망하게 한다. 그렇다고 해도 그것이 주님께 찬양 돌리는 일을 불가능하게 해서는 안 된다. 어떤 일이 있어도 하나님은 여전히 선하시다.

모든 일에 대해 주께 감사하는 것이 우리의 의무다. 하나님이 우리에게 베풀어 주실 때뿐만 아니라 거두어 가실 때에도 주의 이름을 찬송하는 것이 우리가 마땅히 해야 할 바다. 수없이 고통을 받아야 마땅한데도 우리가 받는 고통은 거의 없으며, 자비를 받을 자격이 전혀 없는데도 우리는 수없이 자비를 받고 있기 때문이다.

**자리에 누울 수 있도록 우리를 부르는
저녁의 땅거미로 인해 감사해야 한다**

아침을 만드신 하나님의 지혜와 능력과 인자하심이 우리에게 저녁도 즐길 수 있게 한다. 또한, 하나님이 우리의 생업을 위해 아침에 눈 뜨게 하시는 것과 마찬가지로 우리의 휴식을 위해 밤의 커튼을 드리우신다. 그러므로 우리는 이것에도 감사해야 한다. 하나님이 빛과 어둠을 나누시고 그들의 시간을 각각 할당하셨을 때 그것을 심히 좋게 여기셨다. 혼잡하고 변화무쌍한 이 세상에서 우리에게 그것보다 더 적합한 것이 없다. 그러므로 빛을 조성하시고 어둠을 지으신 하나님께 감사하라.

시간이 변화하는 것처럼 사건의 변화에서도 번영의 빛과 함께 고통의 어둠이 적당한 시기에 찾아온다. 그것이 우리에게 필요한 것이라고 믿자. 고용된 일꾼은 땅거미가 드리울 때까지만 일하면 되듯이, 저녁때가 되었을 때 우리의 수고와 한낮의 뜨거움이 영원히 계속되지 않는다는 것에 감사하자.

누울 수 있는 조용한 거처가 있음에 감사해야 한다

우리는 느부갓네살처럼 사람들에게 쫓겨나 들판의 짐승들과 함께 눕지 않아도 됨을 감사해야 한다. 거친 나귀 새끼같이 태어났지만 나귀처럼 황야를 우리의 거처로 삼지 않아도 되며, 황량한 불모의 땅에 거하지 않아도 됨을 감사해야 한다.

세상이 귀하게 여기지 않았던, 하나님이 사랑하시는 많은 성도와 그의 종들은 사막이나 산속, 동굴이나 토굴에서 방황해야 했다. 그러나 우리는 그러지 않아도 되며, 선한 목자이신 주님이 우리를 푸른 초장에 눕게 하시니 감사해야 한다. 야곱처럼 찬 땅바닥을 침대로 삼고 돌멩이를 베개 삼지 않아도 됨을 감사해야 한다. 그러나 그렇게 해서 야곱이 꾸었던 꿈을 꿀 수 있다면, 우리는 만족하게 될 것이다.

앉아서 밤을 지내지 않아도 되는 것에 감사해야 한다

주님이 우리를 눕게 하실 뿐 아니라 무엇도 우리가 눕는 것을 방해하지 못하게 하셨으니 감사해야 한다. 침상에 들지만 고통스럽고 괴로운 질병 때문에 평안히 누울 수 없는 사람이 많다. 우리의 육체도 똑같이 지어졌지만 그러한 고통을 당하지 않고 있는 것은 주의 인자하심 때문이다.

가족 중에 환자가 있거나 아이들이 병에 걸려서 간호해야 하므로 누울 수 없는 사람도 많다. 만일 하나님이 우리를 건강하게 하셔서 질병이 우리의 보금자리 근처에 얼씬하지 못하고 온 가족이 건강하다면, 반드시 감사해야 한다.

원수들과 군대들과 도적들이 두려워서 잠을 이루지 못하는 사람도 많다. 그런 집의 가장은 그 집이 무너지지 않도록 깨어 지킨다. 그러나 우리가 눕는 곳은 전쟁의 공포로 방해받지 않으며, 사수들의 소란한 소음에서 벗어나 휴식할 수 있는 장소에 있다.

그러므로 주님의 의로우신 행사, 곧 이스라엘 사람들을 성문과 성벽으로 둘러싸인 성에 있는 것처럼 안전하게 보호하신 주님의 의로우신 행사를 다시 생각해 보아야 한다. 자리에 누울 때, 우리를 눕게 하시는 하나님께 감사하자.

죽음을 생각하고,
죽음을 맞을 때 일어날 큰 변화를 생각하며 자리에 눕자

우리의 일에 종지부를 찍으며 정직한 노동자에게 쉼과 삶을 가져다주는 밤, 우리에게 긴 밤이 올 때면, 하루를 마무리하면서 우리의 인생이 마감하는 날을 생각해 보아야 한다. 죽음에 대해 종종 생각하되, 잠자리에 들 때마다 생각하는 것이 좋다.

이는 우리가 날마다 져야 할 짐인 마음의 부패를 억제하게 하며, 날마다 겪어야 할 세상의 유혹에 맞서 무장하는 데 도움을 줄 것이다. 편안한 생활을 추구하는 대신, 날마다 겪는 시련과 피곤함 속에서도 평안함을 느끼게 해 줄 것이다. 죽음을 친밀하게 생각하고 그것을 마치 잠자리에 드는 것처럼 생각하라. 그렇게 해서 죽음에 대한 두려움을 극복하는 것이 좋다.

죽음이란, 일을 마치고 침상에서 잠자리에 드는 것과 같다

우리는 영광스러운 날에 공중에 나타날 때까지 잠시 홀로 있게 될 것이다.

"사람이 누우면 다시 일어나지 못하고 하늘이 없어지기까지 눈을 뜨지 못하며 잠을 깨지 못하느니라"(욥 14:12).

우리는 구경을 하거나 시간을 보내기 위해 이곳저곳을 다니지만 죽음이 닥치면 모든 것이 끝난다. 그때 우리는 생존 세계에서 더 이상 보지 못하게 될 것이며, 세상 거민 중에서 한 사람도 다시는 보지 못하게 될 것이다(사 38:11). 그때에는 아무도 우리를 볼 수 없다.

"나를 본 자의 눈이 다시는 나를 보지 못할 것이고"(욥 7:8).

우리는 무덤 속에 숨겨져 모든 생물체로부터 단절될 것이다. 죽는다는 것은 우리의 모든 친구에게 안녕을 고하는 것이며, 그들과의 대화에 종지부를 찍는 것이다. 그들에게 작별 인사를 하는 것이다. 그러나 하나님을 찬양하라. 이것은 영원한 작별이 아니다. 우리는 부활의 아침에 그들을 다시 만나서 이후로 다시는 헤어지지 않을 것이다.

누울 때 옷을 벗는 것처럼, 죽을 때는 우리의 육체를 벗는다

영혼은 사람이고 육체는 옷에 불과하다. 죽음이 오면 우리는 옷을 벗는다. 이 땅의 장막 집은 무너지고 육체의 옷은 벗게 된다. 죽음은 우리를 벗겨서 태어날 때와 마찬가지로 벌거벗은 상태로 이 세상에서 데려간다. 사람들 앞에서 가장하고 다니던 모든 것은 벗겨져서, 하나님 앞에 벌거벗은 상태로 드러나게 될 것이다.

우리의 수의는 잠옷과 같다. 피곤하고 더울 때 우리의 옷은 벗어버리고 싶은 짐이 된다. 그것을 벗을 때까지는 편안하지 않다. 이처럼 육체의 장막 속에 있는 우리는 짐을 지고 신음하고 있다. 육체의 짐은 우리 영혼이 영적으로 쉼과 만족을 누리는 것을 방해한다. 따라서 죽음이 육체의 짐과 부담으로부터 우리의 영혼을 자유롭게 할 때 얼마나 편안하겠는가? 그러므로 죽을 때 육체의 옷을 벗는 것을 밤에 우리가 옷을 벗는 것처럼 기쁨으로 생각하라. 옷에서 해방된 것처럼 육체로부터 해방될 것으로 생각하라.

비록 우리가 죽을 때 옷을 벗기는 하지만 그리스도와 그의 은혜로 옷 입는다면 우리는 벌거벗지 않고 영구 불멸한 옷을 입게 될 것이다. 이 사실을 위안으로 삼으라. 우리에게는 부활의 아침에 입을 수 있는 새로운 옷이 있다. 우리는 짐승과 같은 천한 육체 대신 그리스도와 같은 영광의 몸을 입게 될 것이다.

우리는 죽을 때 무덤에 누울 것이다

죽을 때는 기골이 흙에 눕는다(욥 20:11). 회개하지 않고 죄 가운데 죽은 사람에게 무덤은 토굴 감옥이다. 그들의 뼈마디에 있는 죄악과 그들과 함께 누운 죄악이 그렇게 만든다. 그러나 그리스도와 믿음 안에서 죽은 사람들에게는 무덤이 이 세상에서 가장 안락한 침대가 된다. 부활의 날이 동트기 전까지 요동함이 없는 휴식의 침대가 된다.

그곳에서는 꿈을 꾸고 놀랄 위험도 없고 밤 풍경에 겁낼 일도 없다. 고통으로 단련될 일도 없으며 뼈들이 심한 고통을 당할 일도 없다. 이는 살아 있는 동안 바른길로 행하여 죽은 뒤에 그들의 침상에서 편히 쉬는 자들의 특권이다(사 57:2).

경건한 욥은 고통 중에 있을 때, 어둠 속에 침대를 두고 그곳에서 쉬게 될 것이라는 생각으로 위로를 받았다. 이것은 "사론의 수선화요 골짜기의 백합화"(아 2:1)이신 주께서 누우신 이래로, 모든 믿는 자들에게 향료의 침대가 된다.

밤에 당신의 침상에 관해 이야기하듯이 당신의 무덤에 관해 이야기하라. 피곤한 자들은 거기서 쉼을 얻는다. 당신은 그곳에서 휴식을 얻을 뿐만 아니라 완전히 새롭게 되어 일어날 것이다. 당신을 사랑하시는 그분을 만나 영원히 함께하기 위해

부름을 받을 것이다. 이 땅에서 날마다 겪는 근심 걱정은 사라지고, 온전하고 영원한 기쁨을 가져다주는 광명한 날에 다시 일어나게 될 것이다.

이러한 생각을 하며 눕는다면 우리는 밤에 얼마나 편안하게 누울 수 있겠는가? 또 이러한 생각과 친숙해져 있다면 임종할 때 얼마나 편안하게 누울 수 있겠는가?

하루 동안 지은 죄를 회개하는 마음으로 자리에 눕자

하나님을 찬양하며 그 안에서 즐거워하는 것은 매우 유쾌한 일이며 천사들의 일이기도 하다. 그러므로 우리가 그 이외에 다른 일을 해야 하는 것은 안타까운 일이다. 하지만 사실 우리는 우리의 어리석음 때문에 스스로 해야 할 일을 만들어 놓았다. 그것은 유쾌하지 못한 일이지만 반드시 해야 하는 일이다. 즉 회개하는 일이다.

우리는 밤에 하나님의 인자하심으로 위안을 받는 동시에 자신의 어리석음에 대한 고민도 함께해야 한다. 우리 앞에 놓여 있는 일을 해결해야 하기 때문이다. 그 둘이 각각 제자리를 찾으며 서로 아주 잘 어울릴 것이다.

우리는 아직도 죄에 물들어 있음을 깨달아야 한다

우리에게는 부패한 본성이 있다. 이는 쓸개와 쓴 쑥을 낳는 쓴 뿌리들이다. 우리는 이런 쓴 뿌리들로 인해 쓰게 되지 않도록 노력해야 한다. 이 땅 위에는 선을 행하고 죄를 짓지 않는 사람이 단 한 사람도 없는 만큼, 우리는 모두 여러 면으로 죄를 범하고 있다. 죄 많은 세상에 살기 때문에 우리 자신을 완전하고 흠 없는 상태로 유지할 수는 없다.

따라서 만일 하루 동안 아무 죄도 범하지 않았다고 말한다면 우리는 자신을 속이는 것이다. 진실을 알게 된다면 우리는 이렇게 울부짖게 될 것이다.

"누가 우리의 잘못을 알겠습니까? 우리의 은밀한 죄악에서 깨끗하게 하시고, 우리 자신도 알지 못하는 죄악에서 깨끗하게 하소서."

우리는 한 점의 죄도 없는 온전함에 목표를 두고 그것을 이루기 위해 엄격하게 자신을 살펴야 한다. 하지만 결국 우리는 거기에 미칠 수 없음을 인정해야 한다. 지금까지 이룰 수 없었고 현재도 온전하지 못함을 깨달아야 한다. 우리는 끊임없이 슬픈 경험을 통해 이 사실을 알게 될 것이다. 밤이 되면 무릎을 꿇고 주님께 나아가야 할 일을 날마다 범하게 될 것이기 때문이다.

양심을 살핌으로써 하루 동안 무슨 죄를 지었는지 알아내야 한다

밤마다 우리가 행한 길과 생각, 말, 행동들을 살피고 시험해 보며, 하나님 말씀의 거울에 우리의 모습을 비추어 보라. 이렇게 해서 우리에게 무슨 허물이 있는지 알아내야 한다. 자신에게 다음과 같은 질문을 해 보는 것이 좋다.

오늘 나는 무슨 일을 했는가? 무슨 잘못을 저질렀는가? 무슨 일을 소홀히 했는가? 잘못된 길로 가지 않았는가? 직장에서나 사람들과 교제하는 가운데 잘못한 일은 없었는가? 나에게 주어진 일들을 올바로 행하며, 모든 일을 할 때 하나님의 뜻에 순종했는가? 이런 질문들을 자주 할 때 우리는 자신을 더 잘 알게 될 것이다. 우리 영혼이 잘되게 하는 데 이보다 더 좋은 일은 없다.

잘못을 발견할 때마다 회개해야 한다

우리는 자신이 잘못 말하거나 잘못 행동한 것을 발견할 때마다 다시금 회개해야 한다. 그것을 유감으로 여기고 진정으로 그 사실을 한탄하며 부끄럽게 여겨야 한다. 그리고 그 죄를 하나님 앞에 자백함으로써 그에게 영광을 돌려야 한다.

만일 평소보다 조금이라도 더 잘못한 것을 알게 되었다면, 그에 대해 더욱더 슬퍼할 줄 알아야 한다. 또 나쁜 습관 때문에 반복하여 짓는 죄를 억제해야 한다. 이런 죄는 날마다 범하게 되기 때문에 소홀히 생각해서는 안 되며, 오히려 그것을 더욱 수치스럽게 여겨야 한다. 그리고 이러한 죄들을 뿜어내는 샘을 부끄러워해야 한다.

우리의 마음이 죄의 속임수로 완악해지기 전에 속히 회개하는 것이 좋다. 미루면 위험하다. 제때 치료한다면 갓 입은 상처는 곧 치료될 수 있다. 그러나 시편 기자가 말한 것처럼 그 상처가 썩어 악취가 난다면(시 38:5), 이는 우리의 잘못과 어리석음이며 치료하기가 힘들 것이다. 비록 우리가 육체의 연약함으로 날마다 죄를 지을 지라도, 밤마다 늘 회개함으로 다시 일어난다면 우리는 완전히 쓰러진 것이 아니다. 우리를 겸손하게 하는 죄는 우리를 파멸로 이끌지 못할 것이다.

그리스도의 보혈을 늘 의지해야 한다

우리의 죄악을 용서하시고 우리의 회개를 긍휼로 받아 주시도록 그리스도의 보혈을 의지해야 한다. 맨 처음 하나님께로 돌아올 때만 그리스도가 필요하다고 생각해서는 안 된다. 그리스도는 우리에게 날마다 필요한 분이다. 그는 우리를 변호해 주시며 언제나 우리를 위하여 하나님 앞에 나아가 끊임없이 중보해 주시는 분이기 때문이다. 만일 주님이 우리를 위한 속죄 제물이 되어 중보의 역할을 해 주시지 않는다면, 날마다 범하는 우리의 죄악은 우리를 파멸로 이끌 것이다.

목욕을 한 사람도 걸을 때마다 묻는 먼지를 씻기 위해 발을 씻을 필요가 있다. 주님을 찬양하라. 우리가 씻을 수 있는 샘물이 언제나 우리에게 열려 있다.

평강과 용서를 얻기 위해 은혜의 보좌 앞에 나아가야 한다

회개하는 사람은 기도해야 한다. 그래야만 마음에 품은 것을 용서받을 수 있다(행 8:22). 또한 우리가 기도할 때 죄사함을 구하고 있다는 것을 분명히 하는 것이 좋다. 한나가 사무엘에 대해 "내가 여호와께 그를 구하였다"(삼상 1:20)고 말했던 것처럼, 우리도 "이것을 용서받으려고 기도합니다"라고 말할 수 있어야 한다. 세리가 성전에서 했던 기도는 우리 모두가 자리에 누울 때 해야 하는 가장 적절한 기도다.

"하나님이여 불쌍히 여기소서 나는 죄인이로소이다"(눅 18:13).

밤에도 자비를 베풀어 주시기를
겸손한 마음으로 간구하면서 자리에 눕자

아침에 기도가 필요한 것처럼 저녁에도 기도가 필요하다. 즐거운 저녁 시간이 되기 위해서는 펼쳐지는 아침을 아름답게 해주었던 하나님의 은총과 돌보심이 필요하기 때문이다.

우리의 겉사람이 거룩한 천사들의 보호를 받도록 기도해야 한다

하나님은 지존자이신 주님을 피난처로 삼고 있는 사람들에 대해 그의 천사들에게 명하여 그들 주위에 장막을 치고 그들을 구원할 것이라고 약속하셨다. 따라서 우리는 그가 약속하신 것을 위해 기도해야 한다.

하나님이 천사들의 사역이 꼭 필요하셨거나, 그의 백성을 보살피는 일을 친히 하지 않으시고 천사들에게 맡겨 버리신 것은 아니다. 성경 여러 곳에서 천사들은 그들에게 책임을 주신 하나님의 영광과 그들이 맡은 성도들의 영광을 위해 일하는 것으로 나타난다. 보이지 않는 가운데 하나님이 특별히 보호하시는 그의 백성을 위해 일하는 것이다.

"볼지어다 솔로몬의 가마라 이스라엘 용사 중 육십 명이 둘러 쌌는데… 밤의 두려움으로 말미암아 각기 허리에 칼을 찼느니라"(아 3:7-8).

이것은 솔로몬 가마의 영광스러움에 대한 말씀이다. 진실하게 믿는 모든 사람이 그러한 자리에 눕는 것은 아니지만, 그들의 침대를 둘러싸고 있는 더 영광스러운 천사들의 군대가 있다. 그들은 선한 영들의 사역을 통해 악한 영들의 공격으로부터 보호받는다. 솔로몬보다 훨씬 더 영광스럽고 안락한 섬김을 받는 것이다.

이스라엘 족속은 이와 같은 거룩한 보호가 이루어지기를 하나님께 간구했다. 그리스도께서도 하나님 아버지께 천사의 영을 보내 달라고 구할 수 있다고 말씀하셨다(마 26:53). 그러므로 우리가 이 특권을 누리기 위해 구해야 할 이유가 충분하지 않은가?

우리의 속사람이 은혜의 원천이신
성령님의 감화 아래 있도록 기도해야 한다

공적인 집회는 성령님이 사람들 마음속에 역사하시는 기회가 되므로 집회에 참석할 때 성령님의 역사를 위해 기도해야 한다. 혼자서 은밀히 예배를 드릴 때도 마찬가지다. 시작할 때 같은 기도를 올려야 한다.

하나님은 우리가 침상에서 졸고 있을 때 귀를 여시고 경고로 교훈하신다(욥 33:15-16). 다윗도 이런 경험을 했다고 말한다. "주께서 내 마음을 시험하시고 밤에 내게 오시어서 나를 감찰하셨으나"(시 17:3). 또 그는 "나를 훈계하신 여호와를 송축할지라 밤마다 내 양심이 나를 교훈하도다"(시 16:7)라고 고백했다. 그는 하나님을 기억하고 묵상하기에 적합한 때가 밤이라는 것을 알았다.

은밀한 중에 하나님과 교제하기에 적당한 시간을 잘 발전시키기 위해서는 성령님의 감화가 필요하다. 그러므로 자리에 누울 때 성령님의 감화하심을 위해 간절히 기도하며 그 앞에 겸손히 나아가 우리 자신을 의탁해야 한다.

잠자는 동안에 우리는 하나님의 은혜가 어떻게 역사하시는지 알 수 없다. 그러나 영혼은 육체와 분리된 상태에서 행할 수 있다. 육체의 감각들이 잠겨 있을 때 영혼이 육체로부터 독립된 상태에서 얼마나 먼 곳까지 행동할 수 있는지는 말할 수는 없지만, 주의 영이 제약을 받지 않는 것은 확실하다.

악한 영들은 때때로 나쁜 꿈을 통해 손을 뻗친다. 우리는 그러한 꿈으로 마음이 어지럽혀지거나 오염되지 않도록 기도해야 한다. 또한 꿈에서도 선한 영이 영향을 끼치도록 기도해야 한다.

플루타르크(Plutarch)가 "좋은 꿈은 미덕이 쌓이고 숙련된 증거의 하나"라고 말했듯이, 우리는 좋은 꿈을 꾸어 교훈을 얻으며 평안을 얻도록 기도해야 한다. 나는 밤에 좋은 꿈을 꿀 수 있도록 늘 기도하는 선한 사람들에 대해 들어본 적이 있다.

02

화평을 누리며 눕는 자리

아브라함에게는 다음과 같은 약속이 주어졌다.

"평안히 조상에게로 돌아가 장사될 것이요"(창 15:15).

정직한 사람의 결말은 평화이므로 이 약속은 그의 영적인 자손들 모두에게도 확실히 주어진 것이다. 요시야는 비록 전쟁터에서 죽기는 했으나 평안히 죽었다. 이제 이렇게 확실한 증거가 있으니 매일 밤 평안함 가운데 눕자. 악한 자들에게는 "너희가 고통이 있는 곳에 누우리라"(사 50:11)고 하셨고, 의로운 자들에게는 "너희가 누울 때 너희를 두렵게 할 자가 없을 것이며"(레 26:6; 욥 11:19)라고 약속하셨다.

그러므로 이러한 휴식과 복된 안식에 들어가기에 부족함이 없도록 주의하라.

1. 하나님과 화평을 누리며 자리에 눕자

하나님과 화평이 없이는 결코 평화가 있을 수 없다. 하나님과 화평하지 않은 악한 자들에게는 평화가 없다고 주님은 말씀하셨다. 죄의 상태는 하나님을 대적하여 불화하는 상태다. 그러한 상태에 계속 머물러 있는 사람들은 하나님의 진노와 저주 아래 있기에 평화롭게 누울 수 없다. 그들이 평화와 무슨 관계가 있겠는가? 그러므로 서둘러라. 죄를 범한 자여, 예수 그리스도 안에서 회개하고 그의 능력에 의지하여 믿음으로 하나님과 화평을 맺으라. 그러면 그는 진노하지 않으실 것이며, 당신은 화평을 얻을 것이다.

화평의 조건이 어떻게 제시되든 그것을 따르라. 우리의 화평이신 주를 가까이하라. 그가 어떤 말씀을 하시든 그 말씀 그대로를 받아들이고 미루지 말라. 당신이 죽을 수 없는 상태에서는 감히 잠을 자지 말라. 당신의 생명을 위해 피하며, 뒤를 바라보지 말라. 지금 그와 대면하여 곧 화평하라. 그러면 그가 인자하심을 베풀어 당신을 평안히 눕게 해 줄 것이다.

죄는 수시로 하나님과 우리 사이를 이간질한다. 하나님이 우리에게 진노하시게 하며, 우리를 하나님으로부터 소외시킨다.

그러므로 성령님의 도우심을 힘입어 하나님과 그의 뜻에 합당하게 행하라. 독생자 예수님의 중보를 통해 하나님과 화해하기를 간구하라.

우리는 매일 밤 하나님과 화평을 누려야 할 필요가 있다. 하나님과 우리 사이에 거리감이나 서먹서먹함이 있어서는 안 된다. 우리에게 부어 주시는 주의 인자하심과 우리의 기도를 방해하는 구름이 없게 하라.

우리가 우리 주 예수 그리스도를 통해 믿음으로 말미암아 의롭다 하심을 받고 하나님과 화평을 누리면, 평안히 자리에 누울 뿐 아니라 하나님의 영광에 소망을 두고 기뻐하게 된다. 하나님이 우리와 논쟁하실 것이 없고 우리 또한 다툴 일이 없는 것을 우리의 첫 번째 관심사로 삼자.

2. 모든 사람과 화평한 가운데 자리에 눕자

우리는 은혜 가운데 죽는 것뿐 아니라 잠자리에 드는 것에도 관심을 가져야 한다. 세상과 많은 접촉을 하는 사람들에게는 거의 하루도 빠짐없이 화나는 일이 생기거나 모욕을 당하거나 상처 입는 일이 일어난다. 아니면 적어도 그렇게 생각되는 일들이 일어난다.

밤에 잠자리에 누워 그 일들을 생각할 때, 그 무례함은 확대되어 그것을 곰곰이 생각하는 동안 점점 화가 치솟곤 한다. 그래서 "그가 내게 행함 같이 나도 그에게 행하여 그가 행한 대로 그 사람에게 갚겠다"(잠 24:29)고 말하게 된다. 이러한 격정이 뿌리 깊은 원한으로 무르익어 복수를 계획하기도 한다.

그러므로 그 생각이 머리까지 올라가기 전에 지혜와 은혜의 힘을 얻어, 지옥으로부터 온 불을 끄고 쓴 뿌리를 뽑아 버리라. 그 무례함을 용서하고 긍정적으로 생각하며, 그가 잘되기를 바라라.

어떤 사람들이 우리와 싸우려고 할지라도 그들과 싸우지 않겠다고 결심하라. 어떤 모욕과 손해를 당했다고 해도 그것이 우리의 영혼을 불안하게 하지 못하게 하라. 브닌나가 한나를 격분하게 해서 괴롭게 했던 것처럼(삼상 1:6) 마음을 번민하게 하지 말라. 영혼에 쓴 뿌리가 나게 하거나, 역정을 내고 원한을 품지 않도록 하라. 오히려 이웃을 나 자신처럼 사랑하라. 원한을 품어 우리 자신과 이웃에게 해가 되는 일을 하지 말라. 한 가지 손해에 복수하는 것보다 스무 가지 손해를 용서하는 것이

훨씬 편안하고 흐뭇하다는 것을 나중에 돌이켜 보면 알게 될 것이다.

우리에게 악을 행한 사람들과 화해하는 것이 밤마다 우리의 특별한 관심사가 되어야 한다. 이것은 에베소서 4장 26절, "해가 지도록 분을 품지 말고"라는 말씀에 잘 나타나 있다. 당신의 격분이 그때까지 식지 않았다면 저녁의 시원함으로 가라앉히고 일몰과 함께 사라지게 하라. 그런 다음 잠자리에 들라. 가슴속에 끓고 있는 억제되지 않은 감정을 지닌 채 자리에 눕는 것은 사자의 굴이나 가시 돋친 침대나 전갈의 둥지에 누운 것과 같다.

이 말씀 뒤에 이어진 27절은 "마귀에게 틈을 주지 말라"는 말씀이다. 어떤 사람은 이 말씀을 '분을 품고 잠자리에 드는 사람은 마귀와 함께 자는 것과 같다'라고 풀이했다. 사람들과 화평하지 못하면 하나님과도 화평을 누리며 누울 수 없다. 우리가 용서하지 않고는 믿음으로 용서받기를 구할 수 없다. 모든 사람과 함께 언제나 화평하고 화목하게 살며 우리 영혼이 평안을 얻는 것을 배우자. 저들이 전쟁을 꾀할지라도 우리는 평화를 구하자.

3. 유쾌하고 조용한 영혼과 화평하고 즐거운 마음으로 자리에 눕자

"내 영혼아 네 평안함으로 돌아갈지어다"(시 116:7).

휴식으로 돌아가 평안히 쉬고 무엇에도 요동하지 말라. 우리가 평안히 누울 수 있는 때는 밤중이다.

하나님의 은혜로 하루의 일을 마치며 의무를 다했을 때, 밤에 평안히 누울 수 있다

세상의 지혜가 아니라 하나님의 은혜로 성실하고 진실하게 이 세상에서 하루를 살았다면 우리는 평안히 누울 것이다. 우리가 처한 자리에서 훌륭한 평가를 받을 수 있는 선한 일을 했노라고 우리 양심이 증거하는 소리를 들으면서 잠자리에 든다면 평안히 누울 것이다.

"슬프도다! 나는 이 하루를 잃었구나!"라고 탄식하거나, '하나님을 섬기며 보내야 했던 시간을 죄를 섬기며 보냈구나'라는 생각으로 힐책당하지 않을 것이다. 하나님과 함께 거하며 그를 두려워하고 종일토록 주님을 섬겼다면 우리는 평안히 눕게 될 것이다. 하나님께 "잘하였도다 착하고 충성된 종아"(마 25:21)라는 말씀을 듣는 사람, 오늘 하루의 여행이 끝나감같이 나에게 주어진 일도 곧 알맞게 끝낼 것이라고 말할 수 있는 사람, 수고하는 사람, 일하는 그리스도인의 잠은 달되 아주 달콤할 것이기 때문이다.

우리가 천성을 향해 가고 있음을 성령님이 증거해 주시며 양심이 죄에서 떠나 있는 것만큼 우리의 침실을 유쾌하게 해 주는 것은 없다. 이것은 우리에게 지속적인 즐거움과 끊임없는 휴식이 될 것이다.

믿음과 인내로 하나님의 뜻에 복종하여 그날 일어난 모든 일을 달게 받아들이고 불평하지 않을 때, 밤에 평안히 누울 수 있다.

이렇게 한다면 어떠한 십자가가 주어져도 번민하지 않으며, 오히려 그것에 입 맞추고 십자가를 지면서 하나님이 하시는 모든 것이 선하다고 말할 것이다. 그러므로 우리는 어떠한 고통을 당해도 인내하며 불평하지 않아야 한다.

우리는 때로 가정에서나 직장에서 절망적인 일들을 만난다. 채무자는 파산하고 채권자는 모질게 대할지도 모른다. 그러나 이런 모든 일은 주님에게서 나온 것이며, 그 안에는 그의 섭리가 담겨 있다. 모든 피조물은 하나님이 존재하게 하셨으므로 당신은 "말 못 하는 자 같이 입을 열지 아니하오니"(시 38:13)라고 하라. 하나님께 기쁨이 되는 것이 우리에게 불만이 되어서는 안 된다.

죄를 지을 때마다 새롭게 뉘우치며, 양심을 깨끗이 하기 위해 그리스도의 보혈을 새롭게 의지할 때, 밤에 평안히 누울 수 있다

우리의 평화를 깨뜨리는 것은 우리의 진영을 소란하게 하는 '죄'밖에 없다. 죄를 제거한다면 재난이 닥치지 않을 것이다. 행복과는 멀리 떨어져 있다 해도 거주민들이 "내가 병들었노라" 하지 않을 것이며, 병든 것을 불평하지 않을 것이다. 이는 거기 거하는 백성이 사죄함을 얻었기 때문이다(사 33:24).

죄사함 받는 것은 우리의 모든 슬픔을 충분히 상쇄할 수 있으며 불평을 가라앉힐 수 있다. 중풍에 걸린 사람일지라도 그리스도께서 그에게 "네 죄가 용서함을 받았다. 내가 너의 구원이 되겠다"라고 말씀하신다면, 평안히 쉬며 유쾌함을 얻을 근거가 될 것이다.

그날 밤 하나님께 보호해 주실 것을 의탁할 때, 밤에 평안히 누울 수 있다

믿음과 기도로 우리의 강한 성이신 주님께 달려가며, 주의 날개 그늘 아래로 피하여 피난처로 삼으라. 주님을 우리의 은신처요 거처로 삼을 때, 하나님이 우리에게 말씀하신 평화를 우리도 자신에게 말할 수 있을 것이다.

"주의 날개 그늘 아래에서 이 재앙이 지나기까지 피하리이다"(시 57:1)에서 다윗은 하나님이 거하시는 그룹 사이를 주목하여 보았다. 따라서 "그가 너를 그의 깃으로 덮으시리니 네가 그의 날개 아래에 피하리로다"(시 91:4)라고 말한 것은 암탉이 그 새끼를 날개 아래에 모음 같이 자녀를 모으신다고 하신 그리스도의 비유와 흡사하다(마 23:37). 암탉의 날개 아래 있는 병아리들은 안전할 뿐만 아니라 포근하고 행복하다.

다가올 모든 염려를 하나님께 맡길 때, 밤에 평안히 누울 수 있다

내일 일을 걱정하는 것은 우리의 평안에 큰 방해가 된다. 우리를 불안하게 하는 걱정을 벗어버리고 사는 법을 배우자. 뜻하신 바를 이루시며, 그를 사랑하고 경외하는 자들에게 가장 좋은 것을 베푸시는 하나님께 모든 사건과 문제를 말씀드리자. "하나님 아버지, 아버지의 뜻대로 하옵소서" 하고 하나님께 모든 것을 맡기고 평안히 거하자.

주님은 제자들에게 '무엇을 먹을까, 무엇을 마실까, 무엇을 입을까' 걱정하지 말라고 강조하셨다. 하늘 아버지께서 그들에게 이러한 것들이 필요한 줄 아시고 공급해 주실 것이라고 하셨다(마 6:31-32). 그러므로 이제 우리를 염려해 주시는 그분께 이러한 짐들을 맡기고 평안히 거하자. 하나님이 염려해 주시는 일을 우리가 또 염려할 필요가 있겠는가?

03

자는 중에도 누리는 안식

"내가 평안히 눕고 자기도 하리니"(시 4:8).

평안히 누운 후에는 잠을 자야 한다. 잠자기 위해 자는 것은 게으름뱅이의 특성이지만, 지친 상태를 회복시키기 위한 잠은 자연의 의술이다. 잠을 양식과 같은 자비 가운데 하나로 보고 감사함으로 받아야 한다.

우리는 다음과 같은 것들을 생각하면서 잠들 수 있다.

1. 누울 수 있는 특권

쉽게 피곤을 느끼는 우리의 육체는 안식과 휴식이 자주 필요할 만큼 연약하다. 똑바로 서서 걸을 수 있는 것은 사람만이 가진 특권이며, 배로 다니는 것은 뱀이 받은 저주의 일부였다. 그러나 우리가 오랫동안 서 있을 수 없고 오히려 이러한 특권이 짐이 되어 자리에 눕지 않을 수 없다는 점을 볼 때, 우리는 이 특권을 자랑할 수 없다.

영혼의 능력, 육체의 감각 등은 영광스러운 특권이지만 몇 시간 사용하고 나면 전혀 활동할 수 없으며, 또 어쩔 수 없이 그래야만 한다. 그러므로 지혜로운 자는 그 지혜를 자랑하지 말고 힘 있는 자는 그 힘을 자랑하지 말아야 한다. 그들의 시간 가운데 4분의 1은 모든 힘과 지혜를 잃은 채 연약하고 어리석은 자와 마찬가지로 누워 있어야 하기 때문이다.

2. 우리에게 주어진 짧은 시간

귀중한 많은 시간을 잠자는 데 빼앗길 수밖에 없다는 것은 슬픈 일이다. 우리는 하루 24시간 중 많은 시간을 누워 있어야 한다. 그리고 그 시간에는 하나님을 섬기지도 못하고, 이웃에게 봉사하지도 못하며, 경건한 일이나 자선을 베푸는 일도 하지 못한다.

이처럼 우리에게 주어진 시간이 얼마나 짧은지, 우리가 해야 할 일은 얼마나 많은지, 우리가 하나님 앞에서 결산해야 할 날은 얼마나 빨리 다가오고 있는지, 이것을 생각하는 사람은 잠자는 데 많은 시간을 소비하지 않고 가능한 한 잠자는 시간을 줄이려고 할 것이다. 또 깨어 있는 시간에도 시간을 절약하기 위해 서두르지 않을 수 없을 것이다. 그들은 잠이 필요 없는 곳을 소망할 것이며, 하나님을 섬기는 천사들처럼 밤낮으로 쉬지 않고 하나님을 찬양하는 복된 일을 할 수 있는 곳을 갈망할 것이다.

3. 하나님이 허락하신 잠

우리가 섬기는 하나님은 잠잘 시간을 허락하시며, 그 시간을 위한 편의를 제공하셔서 새 힘과 활력을 얻게 하시는 선하신 분이다. 우리는 잠을 통해 주께서 우리 몸을 위하시는 것을 알 수 있다. 이것이 우리 몸을 산 제사로 주께 드리고 그분께 영광을 돌려야 하는 충분한 이유다. 이 잠은 성도들에게 약속된 것으로 성경에 언급된다.

"그러므로 여호와께서 그의 사랑하시는 자에게는 잠을 주시는 도다"(시 127:2).

경건한 사람은 하나님께 모든 것을 맡기고 이 시간을 즐길 수 있지만 세상 사람들은 세상 일을 추구하는 가운데 헛되이 수고한다. 자신이 지옥을 향해 가고 있다는 것도 인식하지 못하고 잠을 자는 죄인의 잠과, 천국을 향해 갈 소망을 가지고 은혜 가운데 잠자는 성도의 잠은 얼마나 큰 차이가 있는가? 이것이 바로 하나님이 그의 사랑하는 자들에게 주신 잠이다.

4. 곤고한 사람들을 위한 기도

몸은 괴롭고 마음에는 고민이 많아서 뜬눈으로 밤을 지새우며 지루한 밤을 보내야 하는 곤고한 사람들이 있다. 이런 자들은 누우면서 "내가 언제 잠들었다 깨어나겠는가?"라는 공포심을 갖는다.

프랑스 왕이 개신교인들에게 신앙을 부인하게 하려고 사람들을 고용했는데, 그들이 사용했던 비인간적인 고문 중에서 가장 효과적이었던 것은 오랫동안 잠자지 못하게 하는 것이었다고 한다.

육체는 잠을 간절히 갈구한다. 잠으로 새 힘을 얻을 수 있다는 것을 알 때 어떤 대가를 치르더라도 잠자기를 원한다. 우리가 누리는 이 안락함을 원하는 이들을 위해 우리는 깊은 연민을 가지고 기도해 주어야 한다.

5. 절제하며 누리는 잠

힘을 북돋아 주고 안락하게 해 주는 잠으로 선한 일에 해를 끼친다면, 자비하신 하나님께 배은망덕한 일이다. 우리는 잠을 나태함과 게으름의 도구가 되게 했으며, 잠 때문에 아침 기도 시간을 놓치고 밤에도 기도할 수 없게 했다. 바울이 강론할 때 졸았던 유두고나, 그리스도께서 고민하며 기도하실 때 잠자고 있던 제자들처럼, 하나님을 예배하는 도중에 자서는 안 될 잠을 자기도 했다.

우리는 "너희가 나와 함께 한 시간도 이렇게 깨어 있을 수 없더냐"(마 26:40)라는 주님의 책망을 받은 만큼, 잠에서 깨어나 잠의 안락함에서 벗어나야 하지 않겠는가? 이처럼 잠을 억제할 수 없는 사람들은 깨어 있어야 할 시간에 그렇게 하지 못한 적이 얼마나 많은지 생각해 보아야 한다.

6. 죽음을 생각하는 시간

아침보다 우리가 살 수 있는 날은 그만큼 줄어들었다. 시간의 줄은 속히 감겨버리고 모래시계의 모래알은 달려 내려간다. 그리고 시간이 가는 것처럼 영원은 다가오되 서둘러 다가온다. 우리 인생의 날들은 순식간에 지나가는 베틀의 북보다도 빠르다(욥 7:6).

이처럼 시간의 빠른 움직임 속에서 우리는 무슨 일을 하고 있는가? 우리의 유익을 포기해 가면서 하는 일에 무슨 발전이 있었는가? 항상 죽음을 생각하며 잠자리에 들 수 있다면, 우리는 시간을 얼마나 더 보람 있게 이용할 수 있겠는가? 그러면 우리의 잠은 더욱 바람직하게 될 것이며 죽음은 훨씬 더 친근하게 느껴질 것이다.

7. 깨든지 자든지 그리스도와 함께

"여호와 하나님, 주의 영광을 위하여 이제 잡니다." 먹든지 마시든지, 잠을 자든지 무슨 일을 하든지 우리는 하나님의 영광을 위해서 해야 한다. 우리가 왜 잠을 자야 하는가? 나의 육체가 영혼을 섬기기에 적합하게 하며, 다음날 하나님을 섬길 수 있게 하기 위해서다.

위대한 목표를 위한 평소의 행동은 경건한 모양을 따라야 하며, 우리에게 충분한 유익이 되게 해야 한다. 그것에서 얻는 유익은 우리에게 거룩한 것이다. 경건한 자들에게는 모든 것이 거룩하다. 그러므로 깨든지 자든지 우리는 그리스도와 함께 산다(살전 5:10).

8. 하나님께 나 자신을 의탁하는 시간

"하나님, 주님의 은혜와 그 은혜의 말씀에 나 자신을 의탁합니다." 우리의 영, 혼, 육 모두를 하나님께 새롭게 의탁하면서 잠드는 것이 좋다.

"내 영혼아 네 평안함으로 돌아갈지어다 여호와께서 너를 후대하심이로다"(시 116:7).

다윗이 "내가 나의 영을 주의 손에 부탁하나이다"(시 31:5)라고 말하고, 스데반이 "주 예수여 내 영혼을 받으시옵소서"(행 7:59)라고 말했던 것처럼, 우리도 잠잘 때 주께서 내 영혼을 지켜 주시도록 의탁해야 한다.

잠은 죽음과 닮았을 뿐 아니라 때로는 죽음의 입구가 되기도 한다. 많은 사람이 잠든 후 다시 일어나지 못하고 죽음의 잠을 자기도 한다. 그러므로 우리는 죽음을 생각하면서 살아 계신 하나님의 보호하심 아래 우리 자신을 의탁하고 잠들어야 한다. 그래야만 급작스러운 죽음을 맞이해도 당황하지 않을 것이다.

9. 잠자는 동안에도 함께하시는 하나님

"깨어있는 동안이나 잠자는 동안이나 언제든 하나님과 함께하게 하소서." 깨어서도 여전히 하나님과 함께하게 하시고, 잠자는 동안에도 하나님과 교제의 줄이 끊어지지 않게 하시며, 깨어

나자마자 하나님과의 교제를 되찾게 하시길 간구해야 한다.

나는 밤에 깨더라도 마음을 선한 생각에 둘 것이며, 나의 우편에 계시고 빛과 어둠을 동일하게 여기시는 하나님을 침상에서 기억할 것이다. 그리고 한밤에도 즐거이 그의 이름을 묵상할 것이다. 이처럼 밤 시간은 최상의 유익을 위해 보람 있게 사용될 수도 있지만, 허망한 생각으로 시간을 잃어버리거나 악한 생각들로 잘못 보낼 수 있는 위험도 있다.

"아침에 일어나서 가장 먼저 하나님을 묵상하여 하루 종일 나의 마음이 주의 뜻에 합당하게 하소서."

10. 하나님 안에서 얻는 쉼

"내가 지금 들어가고 있는 안식보다 더 나은 안식에 들어가게 하소서." 바울 사도는 하나님의 백성이 천국에서 누리게 될 안식뿐 아니라 믿는 자들이 누리게 될 안식에 대해서도 말하고 있다(히 4:4, 9). 믿는 자들은 죄와 이 세상으로부터 쉼을 얻으며, 그리스도 안에서 그리스도를 통해 하나님 안에서 쉼을 얻게 될 것이다. 또한 그들은 은혜의 약속 안에서 만족을 누리며 기쁨을 얻을 것이다.

"이는 내가 영원히 쉴 곳이라 내가 여기 거주할 것은 이를 원하였음이로다"(시 132:14).

그들은 방주에 들어감으로써 안전뿐만이 아니라 평안을 얻었다. 내가 살아 있는 동안 나도 이 안식을 누릴 것이며, 죽은 후에는 더 좋은 안식을 누리며 주님의 충만한 기쁨에 들어가게 될것이다.

04

하나님의 섭리와 은혜 안에서
행해지는 모든 것

우리는 모든 것을 하나님과 그의 능력, 그의 섭리와 은혜를 의지하며 믿는 가운데 해야 한다.

"내가 평안히 눕고 자기도 하리니 나를 안전히 살게 하시는 이는 오직 여호와이시니이다"(시 4:8).

다윗은 시편 139편 3절에서 하나님이 그의 길과 그의 눕는 것을 살피신다는 사실을 주목해서 본다.

"나의 모든 길과 내가 눕는 것을 살펴보셨으므로 나의 모든 행위를 익히 아시오니"(시 139:3).

침실에 들어가 아무도 그를 보지 못할 때도 하나님의 눈은 그를 살피시며, 그가 어둠에 있어 아무도 그를 볼 수 없을 때도 하나님이 살펴주신다. 하나님이 보호자로서 그가 눕는 것을 보살피시고, 악의 세력에서 그를 지키시며, 안전하게 보호하기 위해 하나님의 손이 그를 두르고 계신다. 그는 하나님의 손이 그를 편안하게 해 주려고 받치고 계심을 느낄 것이다.

1. 하나님의 섭리 안에서 행해지는 모든 것

밤에 안전하게 지낼 수 있는 것은 하나님의 섭리이므로 끊임없이 그의 섭리를 의지해야 한다. 능력의 말씀으로 만물을 붙드시며 사람과 짐승을 보호하시는 분은(시 36:6) 바로 주님이시다. 끊임없이 날아다니는 사망의 화살로부터 하나님이 피조물을 보호하시지 않는다면 죄로 말미암아 세상에 들어온 사망은 곧 모든 것을 황폐하게 할 것이다.

우리는 밤에 우리 자신이 무력한 가운데 놓여 있음을 시인하지 않을 수 없다. 우리의 육체는 질병의 씨앗을 품고 다니며 사망은 항상 우리 안에서 역사하고 있다. 아주 작은 것이라도 우리의 혈액 순환이나 호흡을 멎게 한다면 우리는 죽는다. 다시는 일어나지 못하거나 사망의 사슬에 묶인 채 깨어난다. 또 사람들은 죄로 말미암아 서로에게 해를 끼칠 위험에 노출되어 있다. 많은 사람이 침상에서 살해당하기도 하고 불에 타 죽기도 한다. 무엇보다도 큰 위험은 우리를 삼키려고 두루 다니는 악한 영들에게서 오는 위험이다.

우리는 자기 자신을 도울 수 없으며 우리의 친구들도 우리를 도울 수 없다. 우리에게 닥칠 특별한 위험도 알지 못하며, 어떤 일이 일어날지도 미리 깨닫지 못한다. 따라서 어디를 파수해야 할지 모르며, 안다 해도 방법을 알지 못한다. 사울은 잠들었을 때 그의 창과 물병을 잃어버렸고 쉽게 목숨을 잃을 뻔했다(삼상 26:11). 잠들었다가 여인에게 목숨을 잃었던 시스라처럼 말이다(삿 4:21).

우리는 얼마나 연약하고 무력한 피조물인가? 잠이 쏟아지면 얼마나 쉽게 쓰러지고 마는가? 우리의 친구들도 잠자고 있으므로 우리를 도울 수 없다. 한밤에 병마가 우리를 사로잡을 수도 있다. 친구들을 부른다고 해도 그들은 우리를 도울 수 없다. 아무리 능숙하고 동정심 있는 의사일지라도 소용이 없다.

그러므로 밤마다 우리를 보호하는 것은 하나님의 섭리이며 그의 돌보심이요, 그의 인자하심이다. 주님은 욥과 그의 집과 그의 모든 소유물을 두르고 계셨던 울타리였다(욥 1:10). 사탄은 그것을 무너뜨리지 못한다. 사탄이 두루 다녀도 틈을 찾을 수 없는 울타리이기 때문이다.

하나님은 자기 백성에게 특별한 보호를 베푸신다. 그의 초막 속에 비밀히 지키시고 그의 장막 은밀한 곳에 숨기신다(시 27:5). 그들은 주의 것이고 주의 사랑을 받고 있으므로 주께서 그들을 눈동자같이 지키신다(시 17:8). "산들이 예루살렘을 두름과 같이 여호와께서 그의 백성을 지금부터 영원까지 두르시리로다"(시 125:2)라고 말씀하셨다.

하나님은 시온산의 모든 집회를 낮에는 구름 기둥으로 더위에서 보호하시고, 밤에는 화염의 빛으로 추위에서 보호하신다고 약속하셨다(사 4:5). 주님은 광야에서 이스라엘의 장막을 지키신 것처럼 그의 백성들의 거처를 보호하신다. 악의 세력이 닥치지 못하며 재앙이 가까이하지 못하도록 의로운 자의 거처에 복을 주신다. 우리는 우리 자신과 가족들을 주께서 특별히 보호해 주시도록 의탁해야 한다. 우리는 하나님의 특별하신 은혜가 없이는 자신을 안전히 지킬 수 없다.

"여호와께서 성을 지키지 아니하시면 파수꾼의 깨어 있음이 헛되도다"(시 127:1).

졸지도 않고 주무시지도 않으며 이스라엘을 지키시는 하나님, 우리의 안전을 보살피시는 주님이 계시지 않으면, 아무리 집을 잘 세우고 문빗장을 잘 잠그며 하인들이 깨어 지킨다고 해도 아무 소용이 없다. 하지만 주님이 보호하신다면 우리는 멸망과 기근을 비웃을 것이며, 우리의 장막은 평안함을 알게 될 것이다(욥 5:22, 24).

2. 하나님의 은혜 안에서 행해지는 모든 것

안전하다고 생각할 수 있는 것도 하나님의 은혜로 말미암은 것이므로 언제나 그 은혜를 의지해야 한다. 위험에 대한 두려움은 그 근거는 없다 해도 매우 괴로운 것이다. 따라서 안전히 거하는 은혜가 온전하게 되려면, 우리가 두려워하는 실체뿐만 아니라 그 모든 두려움으로부터 구원받는 것이 필요하다(시 34:4). 악의 실체가 우리에게 공포가 될 수 없듯이 그 그림자도 우리에게 공포가 될 수 없다.

하나님의 은혜로 우리의 양심이 죄를 멀리하고 정직함을 지킨다면 우리는 두려워할 필요가 없다. 두려움은 죄와 함께 들어오고 죄와 함께 나가기 때문이다.

"네 손에 죄악이 있거든 멀리 버리라 불의가 네 장막에 있지 못하게 하라 그리하면 네가 반드시 흠 없는 얼굴을 들게 되고 굳게 서서 두려움이 없으리니"(욥 11:14-15).

우리의 양심이 우리를 정죄하지 않을 때, 우리는 하나님과 사람 앞에 담대히 설 수 있으며 안전하게 거할 수 있다. 죄를 범하지 않았다면 아무것도 우리를 해할 수 없음을 알기 때문이다. 우리에게 해를 끼치는 것은 무엇이든 죄가 찌르는 것이다. 그러므로 죄가 용서되고 죄를 멀리한다면 아무것도 두려워할 필요가 없다.

하나님의 은혜는 우리가 믿음으로 살 수 있게 한다. 그 믿음은 언제나 하나님을 우리 앞에 모시는 믿음, 주의 약속을 우리 자신에게 적용할 수 있는 믿음, 은혜의 보좌 앞에 나아가 아뢸 수 있는 믿음, 마음을 정결케 하며 세상을 이기고 사악한 자들의 불화살을 소멸하는 믿음, 보이지 않는 것을 인식하며 그 실상과 증거가 되는 믿음이다.

우리가 그의 은혜를 따라 행한다면 우리는 안전히 거하며, 사망과 모든 두려움도 무시할 수 있을 것이다. "사망아 네가 쏘는 것이 어디 있느냐"(고전 15:55). 이러한 믿음은 우리의 두려움을 잠잠하게 할 뿐만 아니라 승리에 찬 입술을 열게 할 것이다.

"하나님이 우리를 위하시면 누가 우리를 대적하리요"(롬 8:31).

두려움에 대항하는 인위적인 결심이나 합리적인 주장만을 의지하지 말고(물론 그것도 유용하겠지만), 하나님의 은혜가 우리 안에서 믿음의 역사를 이루실 것을 믿으며 평안히 누워 잠을 자자. 이것이 하나님의 날개 그늘 아래에서 그리스도인답게 믿음 안에서 잠을 자는 것이다. 이는 믿음 안에서 죽음을 경험하는 좋은 전조가 되기도 한다. 잠이라는 짤막한 죽음 속으로 우리를 쾌적하게 인도해 주는 그 믿음이, 우리를 죽음의 긴 잠 속으로도 인도해 줄 것이기 때문이다.

적용

매일 밤 영적 안식을 누리는 방법

1. 언제나 믿음을 우리의 우편에 두라

어디를 가든 믿음을 지니고 다니며 언제나 믿음을 우리의 우편에 두는 것에 관심이 있는지 보라. 눕거나 일어나거나, 나가거나 들어오거나 어떤 경우에도 우리는 믿음을 적용해야 한다. 진정한 그리스도인들은 주일이나 새로운 달이 시작될 때만 믿음을 적용하지 않고 일상생활에서 일어나는 모든 일과 모든 행동에 믿음을 적용하라. 우리는 식탁에 앉고 일어날 때나 침상에 눕고 일어날 때, 어느 때든지 하나님의 섭리와 그의 약속을 기다려야 한다. 그래서 세상과 소통하는 동안에도 하나님과 교제하는 삶을 살아야 한다.

이렇게 하려면 마음속에 살아 있는 원리, 즉 "영생하도록 솟아나는 샘물"(요 4:14)처럼 은혜의 원리를 소유하는 것이 필요하다. 그뿐 아니라 우리의 마음을 살펴서 힘을 다해 지키고, 우리의 행동을 삼가며, 생각을 다스리는 것이 필요하다. 끊임없이 공급되는 하나님의 은혜와 그리스도와의 연합이 얼마나 중요한지, 믿음으로 언제나 하나님과 화평을 누리는 것이 얼마나 필요한지 살펴보라.

2. 훌륭한 그리스도인들의 삶을 보라

훌륭한 그리스도인들의 삶은 얼마나 숨겨진 삶이며, 얼마나 세상의 눈에 감추어진 삶인지 보라. 그리스도인들에게 가장 중요한 일은 하나님과 그들 영혼 사이의 일이다. 하나님은 조용한 가운데 그들 마음속에서 일하고 계시며, 이러한 사실은 어떤 눈도 보지 못한다. 단지 모든 눈이신 주님의 눈만이 그것을 감찰하신다.

그러므로 성도들을 하나님의 숨겨진 사람들이라고 부르며, 하나님의 비밀이 그들과 함께 있다고 말하는 것은 당연하다. 그들에게는 세상이 알지 못하는 양식과 할 일이 있으며, 다른 사람이 함께할 수 없는 기쁨과 슬픔과 염려가 있기 때문이다. 경건의 신비는 참으로 크다.

이것은 우리 스스로가 남을 판단할 수 없는 좋은 이유가 된다. 다른 사람들의 마음을 알 수 없으므로 그들의 은밀한 일의 증인이 될 수도 없다. 종교를 육신적인 자랑에 불과하게 여기며, 겉으로만 요란한 사람이 많다는 것은 염려스러운 일이다. 그들은 경건의 능력이 담긴 하나님과의 은밀한 교통에 대해 알지 못한다.

반면에 눈에 띄는 종교적인 행위를 하거나, 세상에서 드러나지 않아도 은밀한 가운데 하나님과 많은 교제를 나누고 정기적으로 경건의 시간을 가지며 늘 하나님과 동행하는 사람이 많다는 것은 바람직하다. 하나님의 나라는 겉으로 나타나지 않는다. 그러므로 모든 사람에 대한 심판은 모든 사람의 마음을 감찰하시며 은밀한 것까지 보시는 주님이 담당하시는 것이 마땅하다.

3. 하나님과 상관없이 살아가는 사람들의 손해를 보라

허망하고 세속적인 생각에 사로잡혀 하나님과 상관없이 이 세상을 살아가는 사람들은 그들 자신에게 얼마나 손해가 되는지 보라. 하나님과 은밀한 교제를 나눈다는 것을 이상하게 여기면서 "비유를 들어 하시는 말씀인가요?"라고 반문하는 사람이 많을까 봐 두렵다. 그들은 세상의 이익과 감각적인 쾌락만을 추구하면서 자리에 눕고 일어나며 수고하고 애쓴다. 그들 중 누구도 하나님을 생각하지 않는다. 그들은 하나님으로 인해 살고 있으며 날마다 하나님이 주시는 풍성한 은사로 살고 있지만, 하나님을 경외하지도 않고 의지하지도 않으며 하나님의 은총을 입는 일에 관심도 없다.

이처럼 단순한 동물적인 삶을 사는 사람들은 하나님을 욕되게 할 뿐 아니라, 그들 자신에게도 큰 해를 끼친다. 그들은 자신의 빛 가운데 서서 그들이 누릴 수 있는 가장 가치 있는 하늘의 위로를 스스로 거절하는 것이다.

하나님과의 평화를 누리지 못하는 사람이 무슨 평화를 소유할 수 있겠는가? 하나님의 영원하신 반석 위에 세우지 않는다면 그들의 소망이 무슨 만족을 줄 수 있겠는가? 생명의 근원이시며 생명수이신 하나님에게서 온 것이 아니라면 그들의 기쁨이 무슨 만족이 있겠는가? 결국, 은혜를 베푸시는 창조주 하나님을 기억하는 것이 가장 현명한 일이다.

4. 하나님의 백성이 얼마나 평안하고 즐거운 삶을 살 수 있는가를 보라

하나님을 두려워하며 의의 일을 행하고 주님을 영접한 사람 중에도, 날마다 의기소침하며 수심에 잠겨 있고 근심과 두려움과 불평으로 가득하여 언제나 불안해하는 사람이 있다. 이는 그들이 하나님이 기뻐하시는 삶과 그분을 의지하는 삶을 살지 않기 때문이다. 하나님은 우리가 평안히 거할 수 있도록 효과적으로 모든 것을 공급해 주시는데 그들은 그것을 무용지물로 만들고 있다.

그러나 양심에 거리낌 없이 살면서 죄를 두려워하는 모든 사람은 그 외에 다른 것을 두려워할 것이 없다. 하나님을 아버지라고 부르며 그를 기쁘시게 하고 그의 사랑 가운데 거하는 사람은 그들의 모든 근심을 아버지이신 주님께 맡기며 그들의 길을 의탁하는 법을 배우게 될 것이다. 주님은 우리를 위해 우리의 유산을 택하실 것인데, 우리에게 가장 좋은 것이 무엇인지 우리보다 더 잘 알고 계신다.

"주께서 내게 응답하시리이다"(시 86:7).

이는 내가 늘 되뇌던 말씀으로, 앞으로도 이 말씀으로 살 것이다. 하나님을 섬기며 그와 교통하는 가운데 사는 경건한 삶은 이 세상에서 영위할 수 있는 가장 즐겁고 안락한 삶이다.

5. 우리의 변화에 대처할 수 있는 가장 좋은 준비가 무엇인지 보라

우리의 현 상태에서 앞으로 다가올 변화에 대처할 수 있는 가장 좋은 준비는 끊임없이 하나님과 교제하고 날마다 대화를 나누면서 일정한 시간에 하나님을 부르는 일을 지속적으로 하는 것이다.

고난이 닥쳐왔을 때, 우리는 기도의 수레바퀴가 끊임없이 돌고 있음을 보아야 한다. 평화롭고 번성할 때 우리의 눈이 항상 하나님을 향하고 하나님과 낯설게 지내지 않았다면, 우리가 고난 중에 있을 때도 담대함과 평안함을 가지고 겸손히 하나님께 나아가 속히 그 순간이 지나도록 간구할 수 있다.

심지어 우리가 최상의 거룩한 안정감과 평온의 상태로 침상에 누울 때라도, 우리는 우리 육체에 고난이 닥쳐올 수 있음을 예상해야 한다. 우리 평안의 근거를 피조물의 견고성에 두어서는 안 된다. 만일 그렇게 한다면 우리는 자신을 속이는 것이며 더 큰 괴로움을 마음에 새기게 된다. 그러므로 우리의 평안은 변치 않으시는 하나님의 신실하심 위에 세워야 한다.

우리 주님은 "너희로 내 안에서 평안을 누리게 하려 함이라 세상에서는 너희가 환난을 당하나 담대하라 내가 세상을 이기었노라"(요 16:33)라고 하셨다. 그러므로 매일 하나님 안에서 쉼을 얻으며 그와 끊임없는 교제를 갖는다면, 우리를 괴롭히거나 불행하게 하는 것은 있을 수 없다.

6. 죽음을 바라보면서 우리가 할 수 있는 일을 하라

우리 앞에 놓인 변치 않는 세상을 위해 할 수 있는 가장 좋은 준비는 무엇인가. 결국에는 하나님이 우리를 죽음으로 인도하실 것이며, 이에 대비해야 하는 것이 우리의 큰 관심사라는 것을 우리는 잘 알고 있다. 그러므로 마지막 날을 준비하는 것이 매일의 일과가 되어야 한다. 죽음을 바라보면서 우리가 할 수 있는 일을 하라.

하나님과의 교제를 위해 세상의 소용돌이에서 조용히 물러나라. 죽음을 맞이할 때 떠날 수밖에 없는 이 세상에 애착을 버리고, 죽어서 가게 될 세상과 더 친숙해지는 것보다 좋은 일은 없다. 무덤에 가는 것으로 생각하며 침상에 눕는다면 죽음과 더욱 친근해질 수 있을 것이다. 평안히 눈을 감고 잠드는 것처럼, 평안히 눈을 감고 죽음을 맞이하는 일도 쉬워질 것이다.

우리는 하나님이 우리를 천국으로 인도하시길 기대한다. 하나님과 교제를 날마다 지속함으로써 우리는 점점 그의 상속에 참여할 수 있게 자라갈 것이며, 천국의 대화를 하게 될 것이다.

천국을 향해 가는 사람이 매일 밤 하나님의 사랑의 품에서 복된 안식의 증거인 영적 안식을 누린다면, 천국은 이미 시작된 것이다. 따라서 그들의 마음 또한 천국에 거하게 될 것이 분명하다. 그곳에는 밤과 낮이 없다. 우리는 우리의 영원한 안식이신 주님을 쉬지 않고 찬양하게 될 것이다.

사명선언문

너희가 흠이 없고 순전하여……세상에서 그들 가운데 빛들로
나타내며 생명의 말씀을 밝혀 _ 빌 2:15-16

1. 생명을 담겠습니다
만드는 책에 주님 주신 생명을 담겠습니다.
그 책으로 복음을 선포하겠습니다.

2. 말씀을 밝히겠습니다
생명의 근본은 말씀입니다.
말씀을 밝혀 성도와 교회의 성장을 돕겠습니다.

3. 빛이 되겠습니다
시대와 영혼의 어두움을 밝혀 주님 앞으로 이끄는
빛이 되는 책을 만들겠습니다.

4. 순전히 행하겠습니다
책을 만들고 전하는 일과 경영하는 일에 부끄러움이 없는
정직함으로 행하겠습니다.

5. 끝까지 전파하겠습니다
모든 사람에게, 땅 끝까지, 주님 오시는 그날까지
복음을 전하는 사명을 다하겠습니다.

서점 안내

광화문점　서울시 종로구 새문안로 69 구세군회관 1층
　　　　　　02)737-2288 / 02)737-4623(F)

강남점　　서울시 서초구 신반포로 177 반포쇼핑타운 3동 2층
　　　　　　02)595-1211 / 02)595-3549(F)

구로점　　서울시 동작구 시흥대로 602, 3층 302호
　　　　　　02)858-8744 / 02)838-0653(F)

노원점　　서울시 노원구 동일로 1366 삼봉빌딩 지하 1층
　　　　　　02)938-7979 / 02)3391-6169(F)

일산점　　경기도 고양시 일산서구 중앙로 1391 레이크타운 지하 1층
　　　　　　031)916-8787 / 031)916-8788(F)

의정부점　경기도 의정부시 청사로47번길 12 성산타워 3층
　　　　　　031)845-0600 / 031)852-6930(F)

인터넷서점　www.lifebook.co.kr